Janina Sachse

Konferenzdolmetschen für soziale Bewegungen

Klaus-Dieter Baumann / Hartwig Kalverkämper / Klaus Schubert (Hg.)
TransÜD.
Arbeiten zur Theorie und Praxis des Übersetzens und Dolmetschens
Band 122

Janina Sachse

Konferenzdolmetschen für soziale Bewegungen

Sichtbarkeit, Neutralität und Ideologie

Frank & Timme
Verlag für wissenschaftliche Literatur

Umschlagabbildung: Karlsbrücke, Prag – nikonomad © stock.adobe.com

ISBN 978-3-7329-0833-2
ISBN E-Book 978-3-7329-9127-3
ISSN 1438-2636

Herstellung durch Frank & Timme GmbH,
Wittelsbacherstraße 27a, 10707 Berlin.
Printed in Germany.
Gedruckt auf säurefreiem, alterungsbeständigem Papier.

www.frank-timme.de

Inhaltsverzeichnis

Abkürzungsverzeichnis **7**

1 Einleitung **9**

2 Sichtbarkeit **13**

2.1 Sichtbarkeit beim Übersetzen 13

2.2 Sichtbarkeit beim Dolmetschen 16

2.2.1 Nicht-Konferenzdolmetschen 16

2.2.2 Konferenzdolmetschen 18

2.3 Zusammenfassung 20

3 Ideologie **21**

3.1 Begriffsklärung 21

3.2 Alles ist Ideologie 22

3.3 Translation im Dienst einer „herrschenden Ideologie" 25

3.4 Position beziehen 27

3.5 Aufforderung zu Translation gegen den Mainstream 32

3.6 Aktivismus 36

3.7 Zusammenfassung 40

4 Babels und das Europäische Sozialforum **41**

4.1 Europäisches Sozialforum 41

4.2 Babels 43

4.2.1 Organisatorisches 44

4.2.2 Selbstverständnis 46
4.2.3 Qualitätspolitik 53
4.3 Dolmetschwissenschaftliche Einordnung 54
4.3.1 Konferenzsorte 55
4.3.2 Dolmetsch-Art 61
4.3.3 Sichtbarkeit revisited 63
4.4 Zusammenfassung 67

5 Empirie 69

5.1 Erfahrungsberichte 69
5.2 Fragebögen 75
5.3 Mitschnitte 81
5.3.1 Nebeneinander von Profi und Laie 82
5.3.2 Aktivist vs. Nicht-Aktivist 84
5.4 Zusammenfassung 88

6 Schlussfolgerungen 91

Bibliographie 95

Anhang 99

Abkürzungsverzeichnis

AIIC	Association Internationale des Interprètes de Conférence (Genf, seit 1953)
ALIS	Alternative Interpretation System
ESF	Europäisches Sozialforum
IO	International Organization
NGO	Non-Governmental Organization, Nichtregierungsorganisation
SF	Sozialforum
WSF	Weltsozialforum

1 Einleitung

Die sozio-politische Rolle von TranslatorInnen[1] ist ein relativ neuer Forschungsgegenstand. In den letzten Jahren gab es in der Translationswissenschaft ein zunehmendes Interesse in diesem Bereich. AutorInnen wie Venuti (1995), Tymoczko (2003), Angelelli (2004), Baker (2005) und andere haben sich mit Themen wie Ideologie, Macht, *Agency* befasst. Bisher lag der Fokus vor allem auf der Intervention von TranslatorInnen auf Textebene, ihre Rolle als sozio-politische AkteurInnen wurde jedoch noch kaum untersucht. Außerdem galt das Interesse meist der Intervention von Einzelnen, nicht aber dem kollektiven Handeln von TranslatorInnen. Während mit Blick auf das Community Interpreting Fragen der Neutralität und des Engagements von TranslatorInnen bereits untersucht wurden, ist eine vergleichbare Sicht auf das Konferenzdolmetschen noch relativ neu.[2]

Diese Arbeit möchte hierzu einen Beitrag leisten. Sie beschäftigt sich mit dem Netzwerk „Babels", einer Initiative politisch engagierter TranslatorInnen, die Übersetzung und Simultandolmetschen im Kontext der Europäischen Sozialforen anbietet.[3]

Mit diesem Thema verbindet mich ein gewisses persönliches Interesse. Ich selbst habe vor über fünf Jahren als Babels-Freiwillige meine ersten Erfahrungen als Konferenzdolmetscherin sammeln können. Die Einsätze auf den Sozialforen haben mich über den gesamten Zeitraum meines Studiums und des Berufseinstiegs begleitet und liefen parallel zu dem dort stattfindenden Prozess der „institutionalisierten Professionalisierung". So habe ich nebeneinander die Welt der universitären Ausbildung, des „Dolmetschmarktes" und des

1 Damit sind Translatorinnen und Translatoren gemeint. Ich verzichte in dieser Arbeit auf das „generische Maskulinum". Im Plural verwende ich die Schreibweise mit „Binnen-I". Im Singular verwende ich abwechselnd weibliche und männliche Form und möchte darauf hinweisen, dass damit das jeweils andere Geschlecht mitgemeint ist.

2 Vgl. Boéri (2008), Pöchhacker/Shlesinger (2002), Pöchhacker (2006).

3 Zu Babels vgl. de Manuel/Brander/Boéri (2005), Baker (2006a), Pöchhacker (2006), Boéri (2008, 2009).

ehrenamtlichen Engagements erlebt. Es war insofern besonders der Kontrast zu „konventionellen" Konferenzen, der mich an der Arbeit mit Babels faszinierte. Ich hatte immer wieder das Gefühl, hier eine völlig andere Form des Konfernzdolmetschens zu erleben. Allerdings kam ich oft ins „Schwimmen", wenn ich gegenüber Außenstehenden begründen sollte, was genau denn das Besondere an dieser Arbeitsweise sei.

Diesem „Gefühl" wissenschaftlich auf den Grund zu gehen, ist daher ein Hauptanliegen meiner vorliegenden Arbeit.

Die Arbeit hat zwei Ziele. Erstens soll ein Phänomen aus dem breiten Spektrum der Dolmetschformen beschrieben werden. Dabei versuche ich zu zeigen, dass dieses Phänomen nur unzureichend in bestehende Kategorien der Dolmetschwissenschaft eingeordnet werden kann. Zweitens beschäftigt sich die Arbeit mit dem Zusammenhang von Translation und Ideologie. Dabei wird die These aufgestellt, dass eine ideologische Positionierung der dolmetschenden Person sich positiv auf die Dolmetschleistung auswirkt.

Die Arbeit ist in einen theoretischen (Kapitel 2 und 3) und einen praktischen Teil (Kapitel 4 und 5) gegliedert.

In Kapitel 2 gehe ich zunächst auf den Begriff der Sichtbarkeit ein. Dabei wird anhand von Beispielen aus Vergangenheit und Gegenwart des Übersetzens und Dolmetschens gezeigt, dass sich Translation immer in einem Spannungsfeld zwischen Sichtbarkeit und Unsichtbarkeit bewegt.

Kapitel 3 beschäftigt sich mit Translation und Ideologie. Ausgehend von der Feststellung, dass Translation nicht in einem ideologiefreien Raum stattfindet, wird dargestellt, dass translatorisches Handeln zwangsläufig eine Positionierung zu Ideologien beinhaltet. Außerdem werden Beispiele für Translation „für" und „gegen" eine herrschende Ideologie diskutiert. Abschließend wird der Begriff des Aktivismus eingeführt, welcher zum praktischen Teil der Arbeit überleitet.

In Kapitel 4 wird zuerst das Europäische Sozialforum beschrieben. Darauf folgt ein Überblick über die Tätigkeit von Babels sowie eine Darstellung des politischen Selbstverständnisses und der Qualitätspolitik der Gruppe. In 4.3. wird dann der Versuch unternommen, das beschriebene Phänomen in Kategorien der Dolmetschwissenschaft einzuordnen.

In Kapitel 5 wird empirisches Material vorgestellt und ausgewertet. Abschnitt 5.1. enthält Schilderungen von Situationen, die bestimmte Aspekte der Arbeit von Babels veranschaulichen. In 5.2. werden die Ergebnisse einer Befragung vorgestellt, die ich unter Babels-Freiwilligen durchgeführt habe. In Abschnitt 5.3. wird die Dolmetschleistung von Babels-Freiwilligen anhand von Tonaufnahmen diskutiert.

Kapitel 6 enthält eine Zusammenfassung der Ergebnisse dieser Arbeit. Aus den gewonnenen Erkenntnissen leite ich außerdem einige Überlegungen bezüglich der Dolmetschausbildung ab. Dabei geht es insbesondere um die Frage, welcher Stellenwert dem selbständigen Denken und der kritischen Auseinandersetzung mit Texten in der Ausbildung zukommen sollte.

2 Sichtbarkeit

Die Arbeit der Babels-Freiwilligen ist ein Beispiel dafür, wie KonferenzdolmetscherInnen **sichtbar** werden. Daher möchte ich zuerst etwas allgemeiner auf die Sichtbarkeit und Unsichtbarkeit von DolmetscherInnen und ÜbersetzerInnen eingehen. Dazu möchte ich einige Punkte aus der Geschichte der Translation und der Translationswissenschaft aufgreifen, die mit dieser Frage zu tun haben. Sichtbarkeit und Unsichtbarkeit sind Konzepte, die in der Literatur über Dolmetschen und Übersetzen immer wieder auftauchen.

2.1 Sichtbarkeit beim Übersetzen

Zur Einleitung möchte ich kurz auf das Übersetzen eingehen und schlaglichtartig einige Beispiele dafür anführen, wie Sichtbarkeit diskutiert wird.

Hier könnte man zunächst unterscheiden in eine Sichtbarkeit der übersetzenden Person selbst und eine Sichtbarkeit im Translat.

Was die **Person** angeht, so lässt sich sagen, dass ÜbersetzerInnen häufig nicht wahrnehmbar sind, weil schlichtweg ihr Name nicht genannt wird. Viele Übersetzungen wurden und werden nicht namentlich gekennzeichnet. So sind zwar die TextautorInnen sichtbar, nicht aber ihre ÜbersetzerInnen. Ein Urheberrecht an Übersetzungen wurde beispielsweise erst mit der Berner Übereinkunft von 1886 eingeführt.[4]

Andererseits wurde in der Epoche der Romantik die Figur des Übersetzers als Dichter und Künstler gefeiert. [5]

Die Frage nach der Sichtbarkeit von ÜbersetzerInnen im **Translat** führt uns zu solchen Begriffen wie Treue und Äquivalenz. Dies sind in der Übersetzungswissenschaft viel diskutierte Begriffe. Es geht dabei immer um das Verhältnis

4 Albrecht (1998: 44).

5 Zur Geschichte des Übersetzens siehe Albrecht (1998).

vom Zieltext zum Ausgangstext bzw. Original. Das Original galt lange Zeit als „heilig", daher wurde Treue zum Original gefordert. Dies bedeutet, dass davon ausgegangen wurde, ein Text habe nur eine einzige „Bedeutung", die es lediglich gelte, „treu" zu übersetzen. In diesen Kontext gehört auch die Aussage von N. Shapiro, wonach man durch die Übersetzung wie durch eine Glasscheibe auf das Original schaue – daraus folgt: je unsichtbarer desto besser.[6]

Gleichzeitig gab es auch immer wieder Stimmen, die eine freie Übersetzung forderten. In manchen historischen Epochen war es üblich, frei zu übersetzen, ja sogar frei zu adaptieren, zu kürzen und umzuschreiben.

Schleiermacher schreibt in seinen Vorlesungen zu Übersetzungsmethoden über die Frage, ob man den Text an das Zielpublikum heranführen soll (also adaptieren), oder umgekehrt verfahren soll („verfremdende Übersetzung").

Mit dem Begriff *Belles Infideles* verbindet sich die Vorstellung, wenn eine Übersetzung treu sei, könne sie nicht schön, wenn sie schön sei, nicht treu sein.

Einen wichtigen Beitrag in jüngerer Zeit leistete L. Venuti in seinem Werk *The translator's invisibility*. Vor dem Hintergrund einer vom Autor kritisierten Dominanz des Englischen spricht er sich für verfremdendes Übersetzen und eine stärkere Sichtbarkeit des Übersetzers aus.[7]

Sichtbarkeit und die funktionale Richtung in der Translationswissenschaft

In einem Modell von Translation als zweistufigem Kommunikationsvorgang kommt der übersetzenden Person die Funktion einer „Black Box" oder „**Relaisstation**" zu. In dieser „Black Box" findet eine (für den Beobachter nicht sichtbare) Transkodierung statt. Das bedeutet, der Ausgangstext wird in einen Zieltext überführt, d. h. die eine mögliche Bedeutung des Ausgangstextes wird in ein anderes Inventar sprachlicher Zeichen neu enkodiert. Als Ziel gilt dabei das Erreichen von **Äquivalenz** zwischen Ausgangs- und Zieltext.[8]

Diese Sichtweise kritisieren Reiß/Vermeer in ihrer *Grundlegung einer allgemeinen Translationstheorie*. Sie definieren Translation als ***„Informationsan-***

6 Vgl. Abschnitt 3.5.

7 Vgl. hierzu Abschnitt 3.5.

8 Vgl. Reiß/Vermeer (1991: Kap. 3)

gebot in einer Zielkultur und deren Sprache über ein Informationsangebot in einer Ausgangskultur und deren Sprache". Gleichzeitig wird Translation als Funktion ihres **Skopos** definiert.[9]

Die Annahme von VertreterInnen der funktionalen Richtung ist, dass ein Text nicht eine Bedeutung „hat", sondern in einer Situation eine Funktion erfüllt. Daher erhält auch die Übersetzerin eine andere Rolle zugedacht: Sie trifft Entscheidungen, bewusst, aufgrund des Skopos d.h. der Funktion der Übersetzung. Je nach Funktion kann die Übersetzung ein und desselben Textes also anders aussehen, und dennoch „richtig" sein. Nach C. Nord hat ein Text so viele Funktionen wie Rezipienten.[10]

J. Holz-Mänttari definiert translatorisches Handeln als Expertenhandeln.[11] Als Akteurin, die sich aufgrund ihrer Professionalität für diese oder jene Option entscheidet, wird die Übersetzerin sichtbar.

Feministisches und postkoloniales Übersetzen

Noch sichtbarer werden TranslatorInnen in neuen Richtungen der Translation(swissenschaft), die nach dem sogenannten *Cultural Turn* zu Beginn der 90er Jahre des 20.Jahrhunderts entstanden sind: der **feministischen Übersetzung** und der **postkolonialen** Übersetzung.[12]

Hier werden jeweils Strategien der Anders- oder Neuübersetzung angewandt, um entweder als problematisch bewertete Originale zu adaptieren oder aber durch explizite Kommentare der Übersetzerin den Blick der LeserInnen zu schärfen.

9 Vgl. Reiß/Vermeer (1991: Kap. 5).

10 Vgl. Nord (1993).

11 Vgl. Holz-Mänttari (1994).

12 Zum postkolonialen Übersetzen siehe Robinson (1997), zum feministischen Übersetzen siehe Flotow (1997).

2.2 Sichtbarkeit beim Dolmetschen

Heute wird das Bild des Dolmetschens für viele vom Konferenzdolmetschen bestimmt, bei dem die DolmetscherInnen weitgehend unsichtbar zu sein scheinen. Dabei gibt es in der Geschichte und Gegenwart des Dolmetschens noch viele andere Formen dieser Tätigkeit, und bei fast allen von ihnen sind die DolmetscherInnen sichtbar.

Im Folgenden möchte ich die Sichtbarkeit von DolmetscherInnen im Bereich des Nicht-Konferenzdolmetschens und des Konferenzdolmetschens behandeln. Dabei verwende ich jeweils ein historisches und ein aktuelles Beispiel.

2.2.1 Nicht-Konferenzdolmetschen

Kolonialgeschichte

Eine bedeutsame Rolle spielten DolmetscherInnen im Kontext der Kolonialgeschichte. Sie traten und treten auf als VermittlerInnen zwischen einer Eroberer- oder Besatzungsmacht und der einheimischen (unterdrückten) Bevölkerung. Ihre Rolle ist somit höchst prekär.[13] Mehrere AutorInnen[14] haben sich mit den DolmetscherInnen in Kolonialzusammenhängen befasst. Vom Namen einer der prominentesten Dolmetscherinnen, der Mexikanerin Malinche, wurde „Malinchismo" als Begriff abgeleitet, der die Rolle der Sprachmittelnden als „VerräterInnen" ihres Volkes problematisiert.[15]

Die Position in der Mitte zwischen Kolonialmacht und Kolonialbevölkerung bringt die dolmetschende Person in eine Machtposition, da sie die Situation in gewissem Maße kontrollieren kann. Dies macht den Dolmetscher zu einem Wesen, das zugleich bewundert und gehasst wird und das Misstrauen erweckt. Es sind Fälle bekannt, in denen vormals im Dienst der Kolonialmacht stehende DolmetscherInnen wieder zu ihrem Volk zurückkehrten und die er-

13 Dies setzt sich fort in der heutigen Zeit, man denke etwa an DolmetscherInnen der US-Armee im Irak oder Afghanistan. Es gab unter ihnen auch schon Todesopfer. Zur Diskussion eines Beispiels siehe Boéri (2008).

14 Z. B. Anderson (2002), Pöchhacker (2000), Cronin (2000).

15 Vgl. *http://de.wikipedia.org/wiki/Malinche.*

worbenen Kenntnisse über die Welt der Kolonialmacht gegen diese ausnützten – „the native returns native“.[16]

Community Interpreting

Auch heute sind DolmetscherInnen in den meisten Fällen sichtbar im Sinn der physischen Wahrnehmbarkeit. Dies trifft beispielsweise auf Situationen des Community Interpreting zu, also Dolmetschen auf Behörden oder im Gesundheitswesen, vor Gericht oder auf der Polizei.

Lediglich die KonferenzdolmetscherInnen erscheinen als unsichtbar und werden im Konferenzgeschehen häufig nicht wahrgenommen.

Im Bereich des Community Interpreting bzw. der Literatur darüber ist die Rolle des/der Dolmetschenden eines der zentralen Themen.[17] Neutralität ist dabei ein wichtiger Begriff.

Sichtbar ist die Dolmetscherin hier in jedem Fall. Erstens ist sie von allen Beteiligten optisch wahrnehmbar. Ihre Position in der Mitte verleiht ihr eine gewisse Macht über die Situation. Sie muß vielfach Entscheidungen treffen, z.B im Fall von Überschneidungen beim *Turn Taking*: Wem soll sie Priorität geben? Sie entscheidet auch darüber, welche der von ihr wahrgenommenen Äußerungen *off-record* sind und welche gedolmetscht werden. [18]

Außerdem wirft das Community Interpreting viele Fragen der Berufsethik auf. Das liegt daran, dass Community Interpreting typischerweise in Situationen stattfindet, in denen z.T. extreme Statusunterschiede zwischen den GesprächspartnerInnen bestehen. Es besteht in fast allen Fällen ein deutliches Machtgefälle. Pöchhacker definiert Community Interpreting als Situation von „Person in eigener Sache vs. Institution“[19]. Der Repräsentant der Institution besitzt hierbei Macht über die Einzelperson, es geht um deren Gesundheit, finanzielle Absicherung, physischen Verbleib etc.

16 Vgl. Cronin (2002).

17 Zur Entwicklung der Rollenbeschreibung vgl. Roy (1993/2002).

18 Vgl. die Studie von Wadensjö (1993).

19 Pöchhacker (2000: 121).

In solchen Situationen kann es vorkommen, dass die Dolmetscherin ihrem Klienten zur Seite stehen will gegen den „übermächtigen Staat". Das führt zu Loyalitätskonflikten, wird sie doch meist vom Staat bezahlt.

Assistance, Advocacy, Conciliation

Nach Roberts (1997)[20] wird beim Community Interpreting davon ausgegangen, dass die dolmetschende Person nicht nur beziehungsweise nicht in erster Linie Sprache mittelt. Vielmehr wird an die Dolmetscherin eine Reihe von weitergehenden Anforderungen gestellt.

Mit dem Begriff ***assistance*** bezeichnet Roberts eine Unterstützung des Klienten, die über rein sprachliche Dienstleistung hinausgeht und eine umfassendere Betreuung bedeutet, etwa beim Ausfüllen von Formularen. Weiterhin soll die Dolmetscherin auch kulturelle Vermittlerin sein, also kulturbezogene Missverständnisse klären, dem Klienten die Kultur des „Gastlandes" erklären bzw. dessen Verhaltensweise dem dafür nicht sensibilisierten Beamten/Arzt/ etc. erläutern.

Da der Klient in der Situation strukturell benachteiligt („underprivileged") sei, kommt der dolmetschenden Person die Rolle eines „power brokers" zu, der ***advocacy*** betreiben soll. Das bedeutet, die Dolmetscherin solle sozusagen auf der Seite des Klienten stehen.

Außerdem schlägt Roberts vor, dass die Dolmetscherin in bestimmten Fällen auch als Vermittlerin zwischen Streitparteien agieren solle. Dies bezeichnet sie als ***conciliation***.

2.2.2 Konferenzdolmetschen

Nürnberg

Die Nürnberger Kriegsverbrecherprozesse gelten als Geburtsstunde des modernen Konferenzdolmetschens.[21] Die Arbeitsweise der dortigen DolmetscherInnen ist heute auf keiner (konventionellen) Konferenz mehr vorstellbar. Die DolmetscherInnen waren sehr präsent und sichtbar. „Ihretwegen" konnte

20 Vgl. Roberts (1997).

21 Vgl. Kalverkämper/Schippel (Hrsg.) (2007).

der gesamte Prozess unterbrochen werden. Die DolmetscherInnen konnten mittels farbiger Lämpchen Zeichen an die RednerInnen geben: „langsamer", „wiederholen" und „unterbrechen". Außerdem war die Kabine jeweils mit drei Personen besetzt.

Man könnte sagen: Heute muss sich die Dolmetscherin an die Konferenz anpassen, damals war es (teilweise) umgekehrt!

Diriker-Studie

Dass KonferenzdolmetscherInnen auch heute keinesfalls so unsichtbar sind, wie oft angenommen wird, zeigt die Arbeit von Diriker (2004). Sie belegt anschaulich, dass dem Metadiskurs über Simultandolmetschen, welcher von unsichtbaren DolmetscherInnen in einem homogenen Konferenzumfeld ausgeht, häufig eine ganz andere Realität in der Praxis gegenübersteht.

Diriker kritisiert die Aufrechterhaltung eines Metadiskurses, der sich nicht mit der Realität deckt, aber aus Gründen der besseren „Verkaufbarkeit" der angebotenen Ware weiter kolportiert wird.

> „The general meta-discourse works to (re)produce and transmit uniform codes of conduct in line with the norms and values that are gradually selected and hierarchized as those socio-culturally and commercially most suitable for preservation and reinforcement of the professional interests of simultaneous interpreters."[22]

Demzufolge unterscheidet sie „de-contextualized" und „contextualized accounts of simultaneous interpreting". Ersteres sind die abstrakten, in der Literatur anzutreffenden Normen, die als „performance instructions" wirken. Zweiteres sind hingegen die Erfahrungsberichte, Anekdoten usw. aus der Praxis, die ein anderes Bild vom Simultandolmetschen zeichnen. Diriker betrachtet Simultandolmetschen als „situated action" und demzufolge auch den Output als „Text-in-Situation-und-Kultur" (nach Pöchhacker 1994).

Ihre Analyse eines Textkorpus zeigt, dass auch SimultandolmetscherInnen präsent sind, in verschiedenen Formen sichtbar werden, sei es durch direk-

22 Diriker (2004: 143).

te Interaktion mit RednerInnen oder DiskussionsleiterInnen oder mit dem Publikum, oder sei es im Translat, z. B. durch die von Diriker hauptsächlich betrachteten „shifts in speaking subject" (Wechsel der vom „Ich" in der Verdolmetschung bezeichneten Person).

> „[T]he analysis of an actual SI event can be seen as challenging the general conviction that simultaneous interpreters work in homogeneous settings with participants from compatible backgrounds and interests. It highlights the fact that little is pre-determined about the „position" of simultaneous interpreters and indicates that this position has to be *negotiated* on site amidst a complex and rather fuzzy network of relations, expectations and assessments prevailing in an actual conference context."[23]

Diriker stellt somit einen starken Situationsbezug für das Simultandolmetschen her, bei dem die Position der dolmetschenden Person ebenso wie die der anderen TeilnehmerInnen der Interaktion in einem komplexen Beziehungsgeflecht ständig neu verhandelt wird.

2.3 Zusammenfassung

Anhand dieses Überblicks sollte gezeigt werden, dass Sichtbarkeit ein sehr zentraler Begriff ist, wenn es um Translation geht. Gleichzeitig wird deutlich, dass es keine Einigkeit darüber gibt, ob TranslatorInnen sichtbar oder unsichtbar sein sollen. In verschiedenen historischen Epochen oder in verschiedenen Arbeitssituationen wurde und wird von TranslatorInnen mal das eine, mal das andere erwartet.

Das folgende Kapitel wird sich nun stärker der gesellschaftlichen Rolle von TranslatorInnen zuwenden.

23 Diriker (2004: 137), Hervorhebung im Original.

3 Ideologie

In diesem Kapitel soll es um die Begriffe *Ideologie* und *Neutralität* gehen.

Die Sichtbarkeit der Babels-DolmetscherInnen besteht zu einem wesentlichen Teil darin, dass sie sich organisieren und kollektiv Position beziehen. Dabei begreifen sie ihre translatorische Tätigkeit als politsches Handeln.

Dies ist eine klare Abweichung von der Norm, die von DolmetscherInnen Neutralität fordert, sowie auch von der in unserer Gesellschaft herrschenden Norm, nicht aus den geltenden Denkmustern auszubrechen und die Gesellschaftsordnung nicht in Frage zu stellen. Genau das tut aber Babels. Da die Babels-AktivistInnen sich nicht neutral verhalten, könnte man ihr Verhalten als „ideologisch" bezeichnen. Ihre Überzeugungen sind dabei in den Bereich der Globalisierungskritik bzw. des antikapitalistischen Spektrums einzuordnen.

Dies stellt einen Gegensatz zum „normalen" Konferenzdolmetschen dar, welches als ideologisch „neutral" gilt.[24] Dies wirft die Frage nach dem Verhältnis von Translation und Ideologie auf. Ein polares Verständnis der beiden Begriffe scheint hier zu kurz zu greifen.

3.1 Begriffsklärung

Zuerst wäre zu klären, was in dieser Arbeit unter dem Begriff ‚Ideologie' verstanden werden soll.

Es scheint mir unergiebig, von einem umgangssprachlichen Verständnis des Begriffes ‚Ideologie', im Sinne von Abweichung von einer Norm, auszugehen. So wird z. B. bürgerliche Demokratie auf Grundlage des kapitalistischen Wirtschaftssystems als Norm begriffen, die Abweichung davon als Ideologie. Das Konzept der Marktwirtschaft gilt so z. B. als neutral, das der Planwirtschaft als „ideologisch markiert".

24 Im Folgenden verwende ich hierfür auch den Begriff „ideologisch unmarkiert".

Hatim/Mason (1997) üben ebenfalls Kritik an einer Sichtweise, die nur das gegen die Norm Verstoßende als Ideologie bezeichnet:

„[S]ome political moves or measures are said to be ‚ideologically motivated' as if others were not."[25]

In diesem Sinne kann jegliches Handeln als ideologisch motiviert bezeichnet werden, nicht nur das von der Norm abweichende. Die oben genannten „anderen" politischen Maßnahmen sind folglich genauso ideologisch, sie sind nur weniger auffällig, weil wir nicht daran gewöhnt sind, die Ideologie hinter der Norm zu sehen. „Die Gedanken der herrschenden Klasse sind in jeder Epoche die herrschenden Gedanken"[26], schrieben schon Marx und Engels.

Es scheint sinnvoller, eine breitere Definition von Ideologie als Arbeitsgrundlage zu wählen. Nach Simpson ist Ideologie „the tacit assumptions, beliefs, and value systems which are shared by social groups"[27]. Ganz ähnlich formuliert Van Dijk Ideologie als „the set of factual and evauative beliefs – that is, the knowledge and the opinions – of a group"[28].

In dieser Arbeit möchte ich von einem Verständnis von Ideologie als von einer Gruppe geteilte Ansichten ausgehen.

3.2 Alles ist Ideologie

Translation jenseits von Ideologien?

Zunächst möchte ich der Frage nachgehen, ob TranslatorInnen tatsächlich in einem Raum jenseits von bzw. zwischen Ideologien operieren.

Schon in frühesten Zeugnissen der translatorischen Tätigkeit finden sich Hinweise auf die an TranslatorInnen gestellte Forderung nach Neutralität.[29]

In der Praxis sieht das jedoch häufig anders aus. Mindestens genauso alt wie die Forderung nach Neutralität dürfte der Vorwurf der Parteilichkeit, des

25 Hatim/Mason (1997: 144).

26 Marx/Engels (1845: 46).

27 Simpson (1993: 5), zitiert nach Hatim/Mason (1997).

28 Van Dijk (1998: 48), zitiert nach Pöchhacker (2006: 192).

29 Vgl. hierzu Pöchhacker (2006).

Verrätertums usw. sein, der gegen DolmetscherInnen und ÜbersetzerInnen erhoben wurde. Dies spiegelt sich zum Beispiel in dem italienischen Wortspiel *Traductore – tradittore* wieder. Hatim und Mason (1997) stellen fest: „It has alsways been recognized that translating is not a neutral activity.“[30]

Wenn man davon ausgeht, dass Translation nicht im sozialen Vakuum stattfindet[31], so kann sie auch nicht jenseits der Ideologien stehen. Ideologisch unmarkiertes Übersetzen ist somit letztlich nichts anderes als ein Übersetzen im Rahmen der geltenden Normen.

Wird eine eindeutige Positionierung zugunsten der antikapitalistischen Bewegung als ideologisch beeinflusst, also nicht neutral, bewertet, so ist im Gegenzug die Frage zu stellen, ob nicht ein Bekenntnis zu unserer „freiheitlich-demokratischen Grundordnung“ ebenso ideologisch beeinflusst sei. Welcher von zwei Dolmetschern ist stärker ideologisch motiviert: Derjenige, der den Job beim Bundesamt für Verfassungsschutz annimmt, oder der, der ihn ablehnt? Der auf dem G8-Gipfel in Heiligendamm hinter dem Zaun arbeitet oder der, der vor dem Zaun demonstriert?

Solche Fragen werden von AktivistInnen aus dem Babels-Umfeld durchaus gestellt. [32]

Pöchhacker (2006) schreibt, aus der Perspektive der Babels-AktivistInnen seien gerade jene professionellen DolmetscherInnen, die ihren beruflichen Ort innerhalb der kapitalistischen Globalisierung haben, „instruments at the service of dominant ideologies such as neo-capitalsim or neo-liberalism“.[33]

Ideologie in der Ausbildung

Auch de Manuel et al. (2005) verweisen darauf, dass der herrschende Diskurs die in einer Gesellschaft dominante Ideologie enthält. Das, was im Dolmetschunterricht gern als „Usus“ bezeichnet wird, ist nach diesem Verständnis nichts

30 Hatim/Mason (1997: 145).

31 Vgl. hierzu Angellelli (2004).

32 Siehe die Polemik rund um die „Babels-Naumann-Kontroverse“, zur Diskussion hierzu Boéri (2008, 2009), Pöchhacker (2006).

33 Pöchhacker (2006: 201).

anderes als die dominante Ideologie. De Manuel et al. beziehen sich hier auf Hatim/Mason (1995) und sagen

> „[T]he linguistic choices we make inevitably rest upon a previous classification of reality, ideological in nature."[34]

Als Beispiel diskutieren die AutorInnen die Frage, warum der Begriff *flexibility* weniger ideologisch markiert sein soll als *precarity.* Sie stellen auch dar, wie ein im Unterrricht verwendeter gegen die Hegemonie gerichteter Diskurs in der Verdolmetschung zum reformistischen Diskurs werden kann, weil DolmetschstudentInnen vor der entsprechenden „markierten" Wortwahl scheuen. [35]

Ideologie als Voraussetzung des Dolmetschens

Hiervon ausgehend lassen sich Überlegungen darüber entwickeln, wie der Dolmetschvorgang selbst, die Qualität des Translates und das Textverständnis, mit der Frage nach ideologischer Positionierung zusammenhängen.

Hierzu äußerte sich bereits 1963 Otto Kade in einem Aufsatz zum Konsekutivdolmetschen. Im Abschnitt zu Verarbeitung und Speicherung des begrifflichen Inhalts des Ausgangstextes geht er auf den Begriff der Parteilichkeit ein. Er sagt hier, dass das Erfassen des zu dolmetschenden Textes, die Grundvoraussetzung für einen gelungenen Translationsvorgang, unmöglich sei ohne die Verankerung der dolmetschenden Person in einem ideologischen Kontext (wobei er von einer Verankerung im Marxismus-Leninismus ausgeht).

> „Die begriffliche Verarbeitung der im Text enthaltenen Information ist auch entscheidend für die Wahrung der Parteilichkeit beim Dolmetschen. Parteilichkeit beim Dolmetschen bedeutet, vom Standpunkt der Arbeiterklasse aus, auf der Grundlage der marxistisch-leninistischen Weltanschauung den begrifflichen Inhalt des zu dolmetschenden Textes zu verarbeiten. […]

34 de Manuel/Brander/Boéri (2005: 11).

35 de Manuel/Brander/Boéri (2005: 11).

Hier kann verständlich und überzeugend demonstriert werden, daß die begriffliche Verarbeitung und die logische Gliederung, z. B. die Einschätzung dessen, was wesentlich und unwesentlich ist, außerhalb eines Klassenstandpunktes und unabhängig von einer politisch-ideolgischen Grundhaltung nicht möglich ist.“[36, 37]

Dieser Sichtweise möchte mich in dem Punkt anschließen, dass eine eigene Meinung (bzw. ein eigener ideologischer Standpunkt), zu dem man den zu dolmetschenden Text in Beziehung setzen kann, beim Verständnis des Textes hilft, ja dieses gerade erst ermöglicht und so auch eine angemessene Verdolmetschung erlaubt. Dies gilt unabhängig davon, ob die Meinung des Redners konform oder konträr zum eigenen Standpunkt ist.

3.3 Translation im Dienst einer „herrschenden Ideologie“

Dolmetscher in Ideologien

Es gibt immer wieder Beispiele dafür, wie ideologisch scheinbar „unmarkiertes“ Dolmetschen im Nachhinein „ideologisch markiert“ erscheint, typischerweise bei einem Wechsel des Gesellschaftssystems. So verhält es sich mit den von Pöchhacker (2006) beschriebenen Fällen, etwa Paul Schmidt, Hitlers Dolmetscher, oder Kurt Waldheim, der in der Wehrmacht als „Dolmetscher und Ordonanzoffizier“ auf dem Balkan tätig war und später erklärte, er sei „nur Dolmetscher“ gewesen. Pöchhacker (2006) kommentiert dazu

„[D]oing one's duty in a dictatorship by rendering a professional service to the regime was construed as non-involvement, presumably on the

36 Kade (1963: 15).

37 Das Zitat zeigt auch, wie die Lehre vom Dolmetschen, davon „wie es zu sein hat“ (Präskriptivität), abhängig ist von der Gesellschaft, in der es praktiziert wird.

strength of the idea that an interpreter is by definition impartial and occupies a neutral position ‚in between'."[38]

Hier haben Dolmetscher keinen Anstoß daran genommen, sich in den Dienst der herrschenden Ideologie zu stellen, ebenso wie heute die meisten DolmetscherInnen keinen Anstoß daran nehmen, sich in den Dienst der herrschenden Ideologie zu stellen. Interessanterweise würden die meisten jedoch nicht von sich sagen, dass sie einer Ideologie dienen, und auch nicht, dass diese „herrscht".

Eine ähnliche Geisteshaltung findet sich auch in dem Artikel „Interpreting for the White House" von H. Obst.[39] Der Autor beschreibt die Geschichte des Sprachendienstes im Weißen Haus. Aus seinem Bericht spricht an vielen Stellen seine Loyalität gegenüber dem US-amerikanischen Staat und den von ihm vertretenen Werten, beispielsweise Hochachtung vor Personen der Geschichte, wie den ersten Präsidenten der USA, oder Bekennnis zu Werten der Demokratie oder der Französischen Revolution. In seiner Darstellung der Dolmetschertätigkeit für den US-Gesandten in Japan, bei der es zu Konflikten mit den japanischen Behörden kam, stellt sich Obst durchweg auf die Seite der Amerikaner und nennt Fremdenfeindlichkeit der Japaner als Ursache der Konflikte. Die Dolmetschpraxis der japanischen Seite (bei der eine Menge Höflichkeitsformeln gegenüber Vorgesetzten zu beachten sind) stellt er, wenn nicht als lächerlich, so doch höchst befremdlich dar. Auch bei seinem Bericht über die Jalta-Konferenz spiegelt sich die allgemeine, vom Systemkonflikt des Kalten Krieges geprägte Weltsicht in seinem Bericht über das Verhalten der Staatschefs gegenüber ihren Dolmetschern wieder: Roosevelt habe seinen Dolmetscher gut behandelt, Stalin schlecht.

Baker (2006) beschreibt ebenfalls einige Beispiele dafür, wie TranslatorInnen einen herrschenden Diskurs reproduzieren. Wie in den oben genannten Beispielen geht es dabei nicht ums Translat, sondern darum, wie sich TranslatorInnen in der Gesellschaft positionieren. Eines der von Baker zitierten Beispiele ist das in den USA erscheinende Online-Magazin *Translation Jour-*

38 Pöchhacker (2006: 196).

39 Vgl. Obst (1997).

nal. Dessen Herausgeber spricht in Bezug auf den von den USA angeblich als Antwort auf die Anschläge vom 11.September 2001 geführten Krieg von „the inevitable response of the U.S. government to the attacks“[40] und unterscheidet im Folgenden zwischen (von den USA verursachten) „unintended ‚Collateral damage‘“ und (von den „Terroristen“ begangenen) „deliberate slaughter of civilians“.[41]

Auch dadurch, dass TranslatorInnen Texte zum Übersetzen auswählen und welche Texte sie wählen, wird eine Position ausgedrückt. Hierfür möchte ich ein weiteres von Baker (2006) angeführtes Besipiel nennen: *Middle East Media Research Institute (*MEMRI), 1998 von einem ehemaligen israelischen Geheimdienstler gegründet. Das Institut befasst sich mit der Übersetzung und anschließenden Publikation von Texten aus dem Arabischen, Hebräischen und Persischen. Es fungiere folglich scheinbar als neutrale Informationsquelle über diesen Sprachraum. Doch aufgrund der Textauswahl entstehe unweigerlich ein Bild von der arabischen Welt als Hort von religiösem Extremismus und Antisemitismus.

3.4 Position beziehen

Aufgrund der bisherigen Ausführungen scheint es sinnvoll, davon auszugehen, dass DolmetscherInnen tatsächlich immer einen Standpunkt innehaben, unabhängig davon, ob sie sich dessen bewusst sind oder nicht. Wenn sie sich dieser Tatsache nicht bewusst sind, wäre es angeraten, dass sie sich vergegenwärtigen, dass die von ihnen gedolmetschte Interaktion nicht im „luftleeren Raum“ stattfindet, und auch sie selbst nicht „über den Dingen stehen“ (können!).

Gibt es ein „between“?

Die Vorstellung, die Dolmetscherin stehe „zwischen“ den gesprächsführenden Parteien, wird unter anderem von Tymoczko (2003) kritisiert. Sie wirft die

40 Bokor (2001), zitiert nach Baker (2006: 14).

41 Bokor (2001), zitiert nach Baker (2006: 14).

Frage auf, ob, wenn man den übersetzten Text als Teil der Zielkultur betrachtet, nicht auch die Translation zwangsläufig Teil der „Zielideologie" sei. Das „between" drücke nur eine Rückkehr zum Platonschen Begriff einer außerhalb der Dinge stehenden Bedeutung aus, ein Konzept von Bedeutung, das uns auch in der *Theorie du sens*[42] wieder begegnet. Auch hier wird davon ausgegangen, dass es eine außerhalb der Sprache existierende Bedeutung des Gesagten gebe, die von der übersetzenden Person lediglich in ein anderes Zeichensystem transferiert werden muss. Solche Theorien beachten nicht, dass Sprachen erst Bedeutung konstruieren. Der „between"-Begriff sei weiterhin Ausdruck einer Denkweise der westlichen Welt, genauer eines „western capitalist paradigm of the translator as an isolated individual worker who independently acts as the mediator of languages."[43]

Tymoczko geht in ihrem Text darüber hinaus, ein Faktum festzustellen – dass nämlich Translation nicht neutral und ideologiefrei sei, sondern sie fordert, Translation solle sich in den Dienst – progressiver – Ideologien stellen

> „[W]e may question [...] whether [such ideas] are likely to result in the use of translation for progressive ideological purposes."[44]

> „Translation requires affiliation and collective action. [...]
>
> Effective calls for translators to act as ethical agents of social change must intersect with models of engagement and collective action."[45]

Die Forderung, TranslatorInnen sollten „ethical agents of social change" sein, ist eine relativ neue Forderung an ÜbersetzerInnen und DolmetscherInnen. Auf Dolmetschen und Aktivismus wird später noch ausführlich einzugehen sein.

42 Nach Seleskovitch/Lederer (1989).

43 Tymoczko (2003: 198).

44 Tymoczko (2003: 199).

45 Tymoczko (2003: 201).

Entscheidung

Wenn man davon ausgeht, dass DolmetscherInnen nicht neutral und frei von Ideologie sind, dann ist es nur noch ein kleiner Schritt zu dem moralischen Anspruch, sie müssen wählen, wo sie sich positionieren, für wen sie Partei ergreifen wollen. Es besteht sozusagen immer die Wahl zwischen keiner Entscheidung, keiner eigenen Meinung (was bedeutet, den herrschenden Diskurs zu unterstützen), oder der bewussten Entscheidung für einen Gegendiskurs.

Die TranslatorInnen stehen somit bei jeder Translation vor der Frage, ob sie die dominanten kulturellen Codes unterstützen oder ihnen entgegentreten wollen; sie **müssen** Position beziehen. „The translator acts in a social context and is part of that context. It is in this sense that translating is, in itself, an ideological activity."[46]

Dies kann sich einerseits auf konkrete Fragen der Wortwahl, Stilistik etc., also auf die Textebene beziehen. Beispiele hierfür finden sich wiederum bei Baker (2006). Meist geht es in diesen Fällen darum, dass ein und derselbe Sachverhalt je nach ideologischem oder auch nur kulturellem Standpunkt verschieden benannt wird.

So werden beispielsweise in einem Dokumentarfilm über das Flüchtlingslager Dschenin im Gazastreifen die Opfer der israelischen Bombardierung als „shahit" bezeichnet. Das Bedeutungsspektrum des Wortes umfasst auch „Märtyrer", bezeichnet aber auch allgemein Opfer von Gewalthandlungen. In den englischen Untertiteln wurde von den Filmemachern/Übersetzern bewusst nicht das „Äquivalent" *martyr* verwendet, um die bereits festgefügte Assoziationskette „Moslem – religiöser Fundamentalismus – Selbstmordattentäter" zu vermeiden.[47]

Ein weiteres Besipiel sind die für bewaffnete Gewalt verwendeten Bezeichnungen. Zum Beispiel wird sie je nach ideologischem Standpunkt als „Terrorismus", „Widerstand", „Guerilla", etc. bezeichnet.

46 Hatim/Mason (1997: 146).

47 Vgl. Baker (2006: 66).

Der israelisch-palästinensische Konflikt kann je nach Standpunkt als Krieg, innerstaatliches Problem/Herstellung von Recht und Ordnung oder als Staatsterror dargestellt werden.[48]

Für den deutschen Kontext sind typische Beispiele Ortsnamen in den ehemals deutschen Ostgebieten. Sie stellen regelmäßig TranslatorInnen vor Entscheidungsprobleme und sind ein gutes Beispiel dafür, wie TranslatorInnen unter Umständen zu einer Position des Sprechers Stellung nehmen müssen. Wenn jemand partout von Grünberg, Hirschberg etc. spricht, will er damit unter Umständen ausdrücken, dass diese Orte zu Deutschland gehören sollten, und man muss sich entscheiden, ob man diesen Diskurs reproduzieren will.

Eine von AktivistInnen angewandte Strategie ist das sogenannte ***Counter naming***. Es besteht in einer Neuprägung von Bezeichnungen, etwa *Israeli Offense Forces* statt *Israeli Defense Forces*[49].

Für Deutschland wäre hier etwa die Praxis der Tageszeitung *Junge Welt* zu nennen, den ehemaligen US-Präsidenten ausdrücklich stets *William* Clinton zu nennen, anstatt die in den Medien etablierte (Kose-) Form *Bill* Clinton zu verwenden. Dies ist ein Mittel, sich von dem Präsidenten und seiner Politik zu distanzieren.

Baker schreibt dazu

> „Translators and interpreters, then, may want to consider the larger narratives in which a text or utterance is embedded in order to make an informed decision about how to handle names, especially rival names of places. The alternative, to simply reproduce whatever name the writer or speaker uses without comment, means *participation in uncritical circulation of a narrative they may well find ethically reprehensive* if they stopped to ponder its implications. […] The main thing to stress here is that *neutrality is an illusion*, and thus uncritical fidelity to the source

48 Vgl. Baker (2006: 107).

49 Vgl. Baker (2006: 123).

text or utterance also has consequences that an informed translator or interpreter may not wish to be party to."[50]

Aber ebensogut bezieht sich die Notwendigkeit, Position zu beziehen auch auf die Frage, ob man bestimte **Aufträge** annehmen oder ablehnen sollte.

Pöchhacker (2006) schreibt hierzu

> „[I]deological involvement must be viewed both at the institutional level, where interpreters' professional bodies and training institutions can be instrumentalized to serve certain ideological designs, and the individual level, where a given interpreter must decide for whom and with whom to work."[51]

Baker (2006) äußert sich zu derselben Frage. Sie argumentiert dahingehend, dass die Annahme eines Auftrags schweigende Unterstützung der Ziele/Politik o.ä. des Auftraggebers bedeutet und verweist daher nachdrücklich auf die Entscheidungsmöglichkeit der TranslatorInnen.

> „Translators and interpreters face a basic ethical choice with every assignment: to reproduce existing ideologies as encoded in the narratives elaborated in the text or utterance, or to dissociate themselves from those ideologies, if necessary by refusing to translate the text or interpret in a particular context at all. Given that they are normally in a position to turn down an assignment, ‚accepting the work … implies complicity' (Seguinot 1988: 105). Beyond this basic choice, translators and interpreters can and do resort to various strategies to strengthen or undermine particular aspects of the narratives they mediate, explicitly or implicitly. These strategies allow them to dissociate themselves from the narrative position of the author or speaker or, alternatively, signal their empathy with it."[52]

50 Baker (2006: 127), Hervorhebung J.S.

51 Pöchhacker (2006: 196).

52 Baker (2006: 105).

3.5 Aufforderung zu Translation gegen den Mainstream

Ein im Kontext der gesellschaftlichen und politischen Funktion von Sprache häufig erwähntes Phänomen ist die Hegemonie der „westlichen Welt“ und die damit verbundene Dominanz ehemaliger Kolonialsprachen und besonders des Englischen. Wichtige Impulse für die Translationswissenschaft wurden hier von Lawrence Venuti gegeben. Auch andere AutorInnen fordern eine Neuorientierung in Dolmetschwissenschaft und -praxis bzw. Übersetzungswissenschaft/-praxis.

„Imperialismus des Englischen“

In *The translator's invisibility* nimmt Venuti das Zitat von Norman Shapiro zum Ausgangspunkt, der sagt: „A good translation is like a pane of glass. [...] [I]t should never call attention to itself“.[53] Davon ausgehend kritisiert Venuti die an eine Übersetzung besonders in der englischsprachigen Welt gestellte Forderung nach *fluency* als oberstem Kriterium für eine gute Übersetzung. Dies sei Ausdruck eines Imperialismus der englischsprachigen Literatur, eine Tendenz zum Export der eigenen Kultur und Anpassung des Fremden.

Venuti bringt das auf die Formel, die Beziehung der anglo-amerikanischen Welt mit dem kulturell Anderen sei „imperialistic abroad, xenophobic at home“.[54]

Er wendet sich gegen domestizierendes Übersetzen als Ausdruck von „ethnocentric violence of translation“[55] und spricht sich im Gegensatz für ein verfremdendes Übersetzen aus, um die kulturelle Dominanz (v.a.) der englischen Sprache zu durchbrechen und den/die ÜbersetzerIn sichtbar zu machen.

53 Zitiert nach Venuti (1995).

54 Vgl. Venuti (1995).

55 Venuti (1995: 310).

„Foreignizing translation in English can be a form of resistance against ethnocentrism and racism, cultural narcissism and imperialism, in the interests of democratic geopolitical relations."[56]

Englisch und andere Kolonialsprachen

Auch Pöchhacker (2006) geht auf die Rolle des Englischen ein. Im Rahmen der Globalisierung wird Englisch als *lingua franca* verwendet. Dadurch entfällt ein großer Teil des weltweiten Dolmetschaufkommens auf Dolmetschen aus dem Englischen. Dies verschafft den SprecherInnnen von Englisch einen Vorteil durch die bessere Möglichket, ihre Ziele und Überzeugungen auszudrücken und zu vertreten. Die Übersetzungs- und Dolmetschtätigkeit aus dem Englischen drohe so in einen Lokalisierungsprozess abzugleiten. DolmetscherInnen werden zu „mere localizers of dominant ideologies".[57]

Cronin (2003) verweist auf die Folgen einer Situation, in der Englisch hauptsächlich Ausgangssprache von Translation ist, für die Sprecher der anderen Sprachen: Diejenigen, die nicht die dominante Sprache sprechen, haben demnach eine doppelte Translationslast zu tragen. Sie müssen nämlich sich selbst ins Englische übersetzen und zudem das Englisch der anderen in ihre eigene Sprache. Zusätzlich zu dieser Doppelbelastung verschwinden die anderen Sprachen aus der globalen Wahrnehmung.

„The translation task then is redoubled in intensity but, because of the nature and direction of the translation, it is *erased from public view* in the global parochialism of Anglophone monoglossia. [...]"

„[The dominant languages seek to] eliminate the cost of translation by moving the debt across to the translated who then become invisible in the linguistic accounts of the powerful."[58]

56 Venuti (1995: 21).

57 Vgl. Buck (2002), zitiert nach Pöchhacker (2006).

58 Cronin (2003).

Dominanz der „westlichen Welt"

Ebenso wie die Dominanz des Englischen wird auch der Umstand kritisiert, dass das Feld der Dolmetschwissenschaft, also die Sichtweise darauf, was Dolmetschen ist, wie es auszusehen hat und wo es stattfindet, eine Sichtweise der westlichen Welt bzw. der „1. Welt" sei. Dies sei einer der Gründe für die Fokussierung auf Konferenz-Settings in der Dolmetschwissenschaft: Die Forschung konzentriere sich auf die prestigeträchtigeren Formen des Dolmetschens und sei somit eine Sichtweise der Privilegierten. Cronin (2002) führt dies auf geopolitische Gründe zurück: Die meisten KonferenzdolmetscherInnen haben ihren Wohn- und Arbeitsort in der „entwickelten Welt"; hier befinden sich auch die meisten Ausbildungsstätten. So kommt es dazu, dass „[...] the theoretic paradigm of interpreting is restricted to reflect the market and institutional realities of wealthier nations."[59]

Die relative Vernachlässigung anderer (weitaus verbreiteterer) Dolmetschformen sei

> „grounded in material inequalities that universalize First World experience."[60]

Somit werde Dolmetschen in „Entwicklungsländern", das nicht in das Konferenzdolmetschen-Paradigma fällt, weitgehend ignoriert. Außerdem stellt Cronin einen Ausschluss von Bevölkerungsminderheiten in der „1.Welt" fest, da diese zwar in vielen Dolmetschsituationen präsent sind, nicht aber als TeilnehmerInnen auf Konferenzen.

„Fidelity of resistance"

Cronin (2002) fordert einen *Cultural Turn* in der Dolmetschwissenschaft, analog zu dem, was in anderen Bereichen der Translationswissenschaft schon stattgefunden hat.[61] Auch die Dolmetschwissenschaft solle sich mit Fragen von

59 Cronin (2002: 390).

60 Cronin (2002: 390).

61 Vgl. Abschnitt 2.1.

Rasse, Klasse, Geschlecht sowie Ideologie und Macht befassen. Speziell fordert Cronin eine „materielle Geschichte" des Dolmetschens.

> „There is a need for a material history of interpreting that would examine all forms of interpreting as they are grounded in the economic, political, and cultural conditions of people's lives."[62]

Diese Verwurzelung des Dolmetschens in wirtschaftlich-politisch-kulturellen Kontexten illustriert er mit Beispielen aus der Kolonialgeschichte. Dabei übt Cronin Kritik an einer Sichtweise, die von „Problemen" des Dolmetschens in Form von Loyalitätsbrüchen etc. spricht. „[E]thics in interpreting cannot be considered in a universal, ahistorical fashion, in isolation from hierarchical relationships of power."[63]

Er spricht sich entschieden gegen eine Verurteilung des Dolmetschers als unmoralisch etc. aus, wenn dieser in dem Machtgeflecht, in dem er sich befindet, Position bezieht. Im Gegenteil, Cronin spricht die beachtenswerte These aus, unter Umständen sei „Verrat" moralischer als „Treue".

> „The role of interpreters throughout history has been crucially determined by the prevailing hierarchical constitution of power and their position in it. In this respect, if your own people are seriously disadvantaged by the hierarchy, *the most ethical position can be to be utterly ‚unfaithful'* in interpreting in the name of another fidelity, a *fidelity of resistance*. This is not a „problem". It is a strategy for survival."[64]

---

62 Cronin (2002: 391).

63 Cronin (2002: 394).

64 Cronin (2002: 394), Hervorhebung J.S.

3.6 Aktivismus

Ich möchte abschließend noch auf Translation und politischen Aktivismus eingehen. Wie schon aus den vorangegangenen Abschnitten hervorgeht, gibt es viele Beispiele dafür, wie sich TanslatorInnen politisch engagieren.

Tymoczko (2000) beschreibt am Beispiel Irlands, wie TranslatorInnen als Teil sozialer Bewegungen an gesellschaftlichen und politischen Veränderungen mitwirken. Die Übersetzungen altirischer Literatur ins Englische im Kontext des Kampfes um Unabhängigkeit von der britischen Kolonialmacht bezeichnet sie als Prototyp aktivistischer Translation mit greifbaren geopolitischen Ergebnissen.[65]

Zu den offen politisch Position beziehenden TranslationswissenschaftlerInnen gehört Mona Baker. Auf ihrer Internetseite[66], die zu einem Boykott israelischer Institutionen als Protest gegen die Palästina-Politik aufruft, wirbt sie dafür, die Illusion der Neutralität aufzugeben und fordert eine neue Herangehensweise an Translation und die von ihr transportierten Diskurse. Translation könne Fragen der Macht und Dominanz nicht ausweichen und müsse sich auch immer wieder nach ihrem eigenen Verhältnis zur Macht fragen lassen.

> „[T]ranslation in particular is at the very heart of the current struggle for world domination and is openly used as a political tool."[67]

In einer Welt, in der „Kriegstreiber" in Ländern wie Kosovo, Afghanistan, Irak und Palästina immer wieder Brücken zerstören, um sie dann später von „ihren" multinationalen Konzernen wieder aufbauen zu lassen, lasse sich die Metapher von Translation als Brückenbau kaum noch unbefangen verwenden.

....

65 Tymoczko (2000: 30).

66 *http://www.monabaker.com/*.

67 *http://www.monabaker.com/messagetotscolleagues.htm*.

Als Antwort auf einen solchen Zustand sieht sie, wie auch Tymoczko u.a., Engagement von Translatorinnen im Interesse „progressiver Gesellschaftsmodelle".

An anderer Stelle schreibt dieselbe Autorin

> „Translators and interpreters are not merely passive receivers of assignments from others. Many *initiate their own translation projects and actively select texts and volunteer for interpreting* tasks that contribute to the elaboration of particular narratives. Neither are they detached, unaccountable professionals whose involvement begins and ends with the delivery of a linguistic product. Like any other group in society, translators and interpreters are *responsible* for the texts and utterances they produce. Consciously or otherwise, they translate texts and utterances that participate *in creating, negotiating and contesting social reality.*"[68]

Das besondere an den Gruppen translatorischer AktivistInnen oder aktivistischer TranslatorInnen ist, dass hier die Sphäre der Intervention **Einzelner** und **auf Textebene** verlassen wird und stattdessen TranslatorInnen ein Kollektiv bilden, welches als (gesellschafts-) politischer Akteur auftritt. Besonders spannend wird dies im Bereich des Konferenzdolmetschens, da hier Aktivismus und Engagement wenig Relevanz zu besitzen scheinen. Konferenzdolmetschen als politischer Aktivismus ist tatsächlich noch ein relativ neues Thema.

Im Kontext der Globalisierung und des zunehmend transnationalen Charakters von Protestbewegungen sind mehrere Initiativen von politisch engagierten TranslatorInnen entstanden, beispielsweise ECOS[69] und Babels.

68 Baker (2006: 105), Hervorhebung J.S.

69 Auf ECOS kann hier nicht eingegangen werden, siehe dazu de Manuel/Brander/Boéri (2005) sowie *www.ecosfti.tk*.

Boéri (2008) nennt Babels „one of the most politicised communities of translators and interpreters“[70] und betont die Wichtigkeit dieser Initiative als Initiatorin eines „geopolitical turn“ im Konferenzdolmetschen.

Von Babels wird demnach ein neues Modell des Konferenzdolmetschens entworfen, das auf Horizontalität und Partizipation aufbaut. Konferenzdolmetschen wird hier entworfen als das Produkt einer kollektiven Partizipation von Individuen verschiedenster Hintergründe im organisatorischen und politischen Prozess der Sozialforen. Im Gegensatz dazu werde Konferenzdolmetschen traditionellerweise als auf Expertise und Rationalität einer kleinen Elite besonders fähiger Individuen aufbauende Tätigkeit gesehen, die in jedem möglichen Kontext gleichermaßen kompetent und neutral arbeiten. Kompetenzstandards, Neutralität und optimale Arbeitsbedingungen werden in diesem Modell als Voraussetzung für das Erbringen der Dienstleistung gesehen.

Folgerichtig wird von Babels-AktivistInnen beispielsweise der Verband AIIC[71] als elitär und auf die westlichen Industriestaaten beschränkt kritisiert.

Ebenso wird Kritik an einer Haltung geäußert, die soziales Engagement von TranslatorInnen in einer Unterstützung großer, etablierter NGOs sieht, mit dem Hinweis darauf, dass diese häufig ins System „kooptiert“ seien.[72] Eine ähnliche Problematik spricht auch Baker (2006) an. Sie diskutiert ausführlich das Beispiel der Gruppe *Translators without borders,* welche die Initiative eines kommerziellen Übersetzungsbüros ist. Sie kritisiert die Initiative als inkonsequent und wirft ihr vor, humanitäre Inhalte für kommerzielle Zwecke auszunutzen und so letzten Endes, trotz aller guten Absichten, eine kosmetische Nutzung humanitärer Thematik zu unterstützen und so dem Anliegen „potentiell revolutionärer“ engagierter ÜbersetzerInnen und DolmetscherInnen, nämlich einem Gesellschaftswandel, zu schaden.[73]

70 Boeri (2008: 22).

71 Association Internationale des Interpretes de Conference/International Association of Conference Interpreters.

72 Vgl. Boeri (2008: 45).

73 Vgl. Baker (2006: 160).

Boéri (2008) spricht sich für ein vermehrtes sozialpolitisches Engagement gerade auch professioneller, hochqualifizierter DolmetscherInnen aus. Hierzu sei ein Umdenken in der professionellen Praxis und dazu zunächst in der Ausbildung erforderlich.

> „We need to acknowledge that the social role of the interpreter cannot be fulfilled by volunteers alone but must be placed at the heart of a renewed professional ethics of translation and interpreting [...]"[74]

In die gleiche Richtung argumentieren auch de Manuel et al. (2005). Ausgehend von ihrer Kritik der Ausbildung als von der in der Gesellschaft dominanten Ideologie geprägt schließen sie die Forderung an, auch alternative Diskurse in die Ausbildung mit einzubringen. Die Studierenden sollen außerdem zu sozialem Engagement in Form von Arbeit im Community Interpreting-Bereich[75] ermuntert werden, die die AutorInnen als „less remunerative but probably more personally nourishing work" bezeichnen. Sie fordern einen Brückenschlag zwischen der akademischen Welt, professionellen DolmetscherInnen und der Zivilgesellschaft.

Dolmetschen solle nicht nur in seinen Variationen *Public Service Interpreting* und *Civil Society Interpreting* eine soziale Rolle haben.

Um dies zu erreichen, gelte es eine Reihe von „künstlichen Dichotomien" zu überwinden:

- *economy/society*
- *deontology/ethics*
- *scholarship/commitment*
- *training/profession*
- *volunteer work/quality*
- *theory/practice*[76]

74 Boeri (2008: 46).

75 Von den Autoren als *Public Service Interpreting* bezeichnet.

76 de Manuel/Brander/Boéri (2005: 15).

3.7 Zusammenfassung

Der Überblick sollte Folgendes gezeigt haben: Translation findet nicht im ideologiefreien Raum statt. Insofern ist Neutralität eine Illusion, da mit jeder translatorischen Entscheidung eine Positionierung stattfindet. Es wurde dargestellt, wie scheinbare Neutralität in der Regel lediglich einer Unterstützung von dominanten Diskursen gleichkommt. Als für den weiteren Verlauf dieser Arbeit wichtiger Punkt wurde die These aufgestellt, dass ein eigener ideologischer Standpunkt, zu dem man den zu dolmetschenden Text in Beziehung setzen kann, Vorbedingung für das Textverständnis und somit für eine gelungene Verdolmetschung ist. Hierauf werde ich anhand der in Kapitel 5 untersuchten Beispiele sowie abschließend in Kapitel 6 Bezug nehmen.

Als nächstes wurden Beispiele für die Positionierung von TranslatorInnen gegen den „Mainstream" angeführt. Dies bildete die Überleitung zur Verbindung von Translation und politischem Aktivismus.

Nach dieser theoretischen Beschäftigung mit den Begriffen ‚Sichtbarkeit', ‚Neutralität' und ‚Ideologie' folgt der zweite Teil der Arbeit, welcher sich konkret Babels als Beispiel für translatorischen Aktivismus zuwendet. Im nächsten Kapitel möchte ich zunächst detaillierter auf die Arbeit des Netzwerkes eingehen, um dann den Versuch einer dolmetschwissenschaftlichen Einordnung des Phänomens zu wagen.

4 Babels und das Europäische Sozialforum

4.1 Europäisches Sozialforum

In diesem Kapitel wird der Hintergrund des in Kapitel 5 verwendeten empirischen Materials dargestellt. Nach einem Überblick über die Konferenzsituation, das Europäische Sozialforum, folgt eine Beschreibung des Netzwerks Babels. Anschließend wird der Versuch unternommen, die beiden Phänomene in Beziehung zu dolmetschwissenschaftlicher Forschung zu setzen.

Zuerst möchte ich auf das Europäische Sozialforum eingehen. Der kurze Überblick über Geschichte, Aufbau und Ablauf der Veranstaltung dient einer besseren Einordnung der unter 4.2 sowie in Kapitel 5 im Zusammenhang mit Babels behandelten Punkte.

Weltsozialforumsbewegung

Die europäischen Sozialforen sind Teil einer weltweiten Bewegung, welche mit dem ersten Weltsozialforum (WSF) in Porto Allegre im Januar 2001 ihren ersten Höhepunkt sah. Das WSF versteht sich als eine Art Gegengipfel zum alljährlich in Davos tagenden Weltwirtschaftsforum. Es ist einzuordnen in den Kontext der globalisierungskritischen Bewegung (Alterglobalisierungsbewegung) und versteht sich als antikapitalistisch und antiimperialistisch. In der Charta der Prinzipien wird das Forum als Treffpunkt von „Gruppen und Bewegungen der Zivilgesellschaft, die sich dem Neoliberalismus und Herrschaft der Welt durch das Kapital und jeder möglichen Form des Imperialismus widersetzen“ definiert[77]. Das Weltsozialforum hat seit 2001 jährlich an wechselnden Orten, zum Teil auch dezentral, stattgefunden. Sein Motto ist *Otro Mundo es posible* [‚Eine andere Welt ist möglich‘].

77 *http://weltsozialforum.org/prinzipien/index.html*, Artikel 1.

Europäisches Sozialforum

Im Laufe der Zeit haben sich mehrere lokale bzw. kontinentale Foren entwickelt, unter anderem das Europäische Sozialforum (ESF).[78] Es handelt sich um ein Arbeitstreffen verschiedener europäischer sozialer Bewegungen. Beteiligt sind z. B. Gewerkschaften, Menschenrechts- Friedens- und Umweltinitiativen, feministische, anarchistische, sozialistische Gruppierungen. Parteien sind von der Teilnahme ausgeschlossen.

> „Weder Repräsentanten von Parteien noch militärische Organisationen können am Forum teilnehmen."[79]

Mitglieder von Parteien können jedoch als Einzelpersonen teilnehmen und werden auch als RednerInnen eingeladen.

Das Treffen dient dem Erfahrungsaustausch, der Diskussion und der Koordinierung gemeinsamer Aktivitäten. Es tritt nach außen nicht als Organisation auf, sondern will lediglich Plattform sein. Laut Charta „wird niemand im Namen irgendwelcher der einzelnen Veranstaltungen des Forums autorisiert, Positionen auszudrücken, die behaupten, die aller seiner Teilnehmer zu sein."[80]

Das erste ESF fand 2002 in Florenz statt. Darauf folgten Paris (2003), London (2004), Athen (2006) und Malmö (2008). Das nächste Treffen ist für 2010 in Istanbul geplant.

Aufbau des ESF

Das Themenspektrum der Veranstaltungen ist breit gefächert und spiegelt die Vielfalt der beteiligten Gruppen wieder. Allerdings zeichnen sich auf jedem Forum Themenschwerpunkte ab, z. B. in Florenz der drohende US-Angriffskrieg gegen den Irak. Es gibt jeweils etwa 150–250 Plenarveranstaltungen, Seminare, Workshops, *Assemblies*, in großen und kleinen Konferenzräumen. Das Forum hat eine Eröffnungsveranstaltung und beinhaltet jedesmal eine gemeinsame

78 Auf Dolmetschen beim WSF oder anderen Sozialforen kann in dieser Arbeit nicht eingegangen werden.

79 *http://weltsozialforum.org/prinzipien/index.html*, Artikel 9.

80 *http://weltsozialforum.org/prinzipien/index.html*, Artikel 6.

Demonstration. Am letzten Tag des Forums findet die *Versammlung Sozialer Bewegungen* (*Assembly of Social Movements*) statt. Hier wird unter anderem die Abschlusserklärung verabschiedet sowie die Zukunft der Bewegung diskutiert, also anstehende Aktionen wie zum Beispiel europäischer Aktionstag sowie Zeit und Ort des nächsten Treffens.

Innere Struktur und Trends

Seit dem ersten ESF mit geschätzten 40 000–60 000 TeilnehmerInnen[81] und etwa einer Million bei der Großdemonstration ging die Beteiligung stetig zurück. In Malmö wurden nur noch etwa 10 000 TeilnehmerInnen und 15 000 Menschen auf der Demonstration gezählt. Zeitweise kam es zu Spannungen zwischen den beteiligten Gruppen. London beispielsweise war von einer Reihe Auseinandersetzungen geprägt, die sich einerseits um den Irakkrieg und andererseits um den Vorwurf drehten, das Forum werde von hierarchisch strukturierten oder reformistischen Organisationen dominiert. Seitdem werden auf jedem ESF neben den offiziellen Veranstaltungen auch sogenannte *autonomous spaces* organisiert, in denen vor allem kleinere Basisgruppen Zusammenkünfte abhalten.

Kommentatoren stellten für das letzte ESF eine größere Beteiligung von Gruppen aus Osteuropa und vor allem von Gewerkschaften fest; die Tendenz scheine in Richtung *weniger Teilnehmer aber breitere Basis*[82] zu gehen.

4.2 Babels

Im Kontext der Globalisierung und des zunehmend transnationalen Charakters von Protestbewegungen sind mehrere Initiativen von politisch engagierten TranslatorInnen entstanden. Eine davon ist das Netzwerk „Babels“, das sich mit ehrenamtlichem Konferenzdolmetschen im Kontext der Europäischen

81 *http://en.wikipedia.org/wiki/European_Social_Forum.*

82 *http://www.sfid.info/e_sf/2008.esf.00/2008.esf.berichte/news.esf.2008.2008.7/.*

Sozialforen beschäftigt.[83] Babels ist ein internationales Netzwerk freiwilliger DolmetscherInnen und ÜbersetzerInnen. Arbeitsschwerpunkt ist Simultandolmetschen. Es ist die größte Initiative dieser Art. Ihr Bezugspunkt ist die Sozialforumsbewegung, obwohl es Tendenzen gibt, das Tätigkeitsfeld auch auf andere soziale Bewegungen auszuweiten. Laut Boéri und Hodkinson (2004) bietet die Arbeit von Babels „one of the best examples of how alternatives to market capitalism can and are being actively produced throughout the Social Forum process."[84]

4.2.1 Organisatorisches

Geschichte

Entstanden ist Babels im Vorfeld des ersten ESF. Das ESF Florenz war die bisher größte von ehrenamtlichen KonferenzdolmetscherInnen bediente Veranstaltung[85].

Die Initiative wurde nicht von TranslatorInnen, sondern von AktivistInnen ins Leben gerufen. Boéri und Hodkinson (2004) schreiben, aufgrund von „*dubious politics and huge expenses of hiring professional interpreters for the WSF in 2001 and 2002*"[86] habe eine kleine Gruppe von AktivistInnen aus dem Umfeld von ATTAC France vorgeschlagen, ausschließlich mit freiwilligen DolmetscherInnen zu arbeiten. Es gelang innerhalb der relativ kurzen Zeit von drei Monaten, etwa 350 Freiwillige als SimultandolmetscherInnen und ÜbersetzerInnen zu gewinnen.[87] Nach dem ersten Einsatz unter improvisierten Bedingungen folgte eine Phase der Konsolidierung, in der eine feste Zusammenarbeit des ESF mit den Babels-AktivistInnen entstand. Für das ESF in Paris 2003 hatte die Initiative bereits Büroräume und ein Budget zur Verfügung. Die Datenbank umfasste bereits 4 000 Freiwillige; davon wurden 1 000 eingesetzt. In London

83 Zu Babels vgl. de Manuel/Brander/Boéri (2005), Baker (2006a), Pöchhacker (2006), Boéri (2008, 2009).

84 Boérie/Hodkinson (2004).

85 de Manuel/Brander/Boéri (2005: 4).

86 Boéri/Hodkinson (2004).

87 Boérie (2009: 55).

waren es über 500 Freiwillige aus 22 Ländern; die Datenbank umfasste 7000 Personen.[88] Im Jahr 2005 hatte das Netzwerk ungefähr 10000 Freiwillige und bediente mehr als 60 Sprachen.[89]

Aufbau

Babels versteht sich als **horizontales** Netzwerk ohne Hierarchien. Es gibt keine gewählten oder auf andere Art bestimmten RepräsentantInnen.

Seine Gründung wird als *self-organised process*[90] bezeichnet.

Alle Funktionen werden von Freiwilligen ausgeführt. In der Praxis bedeutet das für das konkrete Arbeiten an Projekten, dass sich dafür jeweils Freiwillige melden, die dann als KoordinatorInnen für das jeweilige Projekt tätig werden. JedeR kann sich dieser Gruppe anschließen. Die anderen im Netzwerk Registrierten können dem Aufruf nach Mitarbeit als freiwillige TranslatorInnen folgen, aber es gibt keinerlei Verpflichtung. Die KoordinatorInnen arbeiten unterschiedlich viel, zum Teil treten sie gleichzeitig als KoordinatiorInnen und TranslatorInnen auf, zum Teil auch nur als KoordinatiorInnen. Wie die anderen Babels-Freiwilligen arbeiten sie unbezahlt.

Mitarbeit

JedeR kann im Netzwerk mitarbeiten. Die Anmeldung erfolgt über ein Formular auf der Babels-Homepage. Dort werden neben allgemeinen Daten wie Wohnort insbesondere die Sprachenkombination (nach dem bekannten System A-, B-, C-Sprache) und der Grad der Professionalität abgefragt. Es gibt jeweils vier Wahlmöglichkeiten: *professional, experienced, occasional* und *first experience* für die Kategorien konsekutiv, simultan und schriftlich. Eine Spezifizierung für die einzelnen Sprachen ist nicht möglich, man kann also z. B. nicht für die B-Sprache *professional* und für C *first experience* angeben.

Es werden keinerlei Belege über die angegebenen Qualifikationen verlangt.

Danach kann man wählen, an welcher Art von Projekten man Interesse hat und wird in den jeweiligen E-Mail-Verteiler aufgenommen.

88 Boéri/Hodkinson (2004).

89 de Manuel/Brander/Boéri (2005: 4).

90 Vgl. Boéri (2009).

Finanzierung

Babels finanziert sich (d. h. die anfallenden Kosten wie Reisekosten, Unterkunft, Verpflegung, evtl. Büroräume) aus den Mitteln des ESF. In der Vergangenheit wurde in der Gruppe immer wieder darüber diskutiert, ob Babels ein eigenes selbstverwaltetes Budget haben sollte oder finanziell dem ESF unterstellt bleiben sollte.[91] Tatsächlich geht es um die Frage, in welcher Beziehung die Gruppe zum ESF stehen soll, aus dem sie hervorgegangen ist. Diese Frage dürfte auch in Zukunft höchst aktuell bleiben, vor dem Hintergrund sinkender Teilnehmerzahlen und Veränderung des Charakters der ESF.

Die Gruppe verfügt über keinerlei **juristische** Struktur, es gibt keinen Verein, Vorstand, Bankkonto etc. Solche Strukturen wurden lediglich ad hoc gebildet. Auch hier geht die Diskussion weiter.[92]

Alternative Technik

Seit Athen wird sogar bei der Dolmetschtechnik auf alternative, nicht-kommerzielle Lösungen gesetzt. Im Vorfeld des ESF in Athen wurde eine Gruppe gegründet, die ein eigenes Dolmetschsystem entwickelte: ALIS (*Alternative Interpretation System*). Dieses wurde seitdem auf mehreren Foren verwendet.[93] Auch davor gab es schon die Gruppe *Nomad*, die sich ebenfalls mit Technik beschäftigte, z. B. mit Tonaufnahmen. Auf den ersten ESF wurde allerdings kommerzielle Technik eingesetzt.

4.2.2 Selbstverständnis

Es ist nicht einfach, die Struktur oder die Politik von Babels zu beschreiben und Aussagen darüber zu treffen, wer oder was Babels ist und wie das Netzwerk arbeitet. Aufgrund seiner eigenen „Philosophie" ist klar, dass es eigentlich nicht „Babels" gibt, sondern immer nur einzelne AkteurInnen. Häufig bleibt nur die

91 Vgl. dazu Boéri (2009), die diese Diskussion unter den Aspekten des Selbstverständnisses und der Narrative untersucht.

92 Vgl. hierzu Diskussionsforum auf *http://www.babels.org*, sowie Boéri (2009), S. 237.

93 In Malmö kam es scheinbar zum Kollaps der ALIS-Technik, was den Ablauf des Forums erheblich beeinträchtigte. Den Problemen lag allerdings eine Fehlplanung bei der Auswahl der Techniker zugrunde. Für Kommentare siehe *http://www.babels.org/wiki/MalmoEsf.*

Möglichkeit, Verhalten Einzelner zu beschreiben, ohne daraus jedoch verallgemeinernde Schlüsse auf die Gesamtgruppe zu ziehen. In diesem Abschnitt beziehe ich mich vor allem auf die beiden 2004 verfassten Dokumente *About Us* und die *Babels Charter*.

Sprache

Babels steht für den Versuch, jedem und jeder die Möglichkeit zu geben, die Sprache seiner oder ihrer Wahl zu sprechen.

Wichtig ist hierbei der Anspruch, gegen die Dominanz von Kolonialsprachen zu kämpfen.

> „We fight for the right of all, including those who don't speak a colonial language, to contribute to the common debate."[94]

Nicht zufällig ist hier nicht von Muttersprache oder ähnlichem die Rede, denn es geht häufig eher um politische Entscheidungen denn um Notwendigkeit. So beherrschen beispielsweise die meisten kurdischen Delegierten perfekt die Amtssprache ihres Herkunftslandes.

Gleichzeitig möchte das Netzwerk Raum für Diskussionen über die Rolle von Sprache schaffen. Die Charta nennt als eines der Ziele „to contribute to discussions on the part language plays in the mechanisms of cultural domination and in the circulation of ideas between the various social and citizens' movements."[95]

Dies wird als *linguistic activism* bezeichnet.[96]

Babels-AktivistInnen kritisieren die Behandlung von Translation als einer Dienstleistung als Antwort auf einen Bedarf. Stattdessen betonen sie die soziale und politische Funktion von Sprache.

> „All too often, language is treated as ‚something that interpreters and translators provide' to those who say they need it, and not as either a

94 Babels (2004a).

95 Babels (2004b).

96 Babels (2004a).

political right to self-expression and democratic participation, or as a means of pro-actively including and expanding out to people and movements traditionally marginalised."[97]

Daher ist größere Sprachenvielfalt auf den Sozialforen eine der zentralen Forderungen von Babels. Zwar hat das ESF seit 2003 keine „offiziellen" Arbeitssprachen mehr. Die Fokussierung auf Westeuropa und auf die alten Kolonialsprachen Französich, Englisch, Spanisch, Deutsch und Italienisch setzte sich allerdings noch weiter fort. Babels-AktivistInnen kritisieren die Vorherrschaft dieser Sprachen als Ausdruck einer Dominanz westeuropäischer sozialer Bewegungen auf den ESF. [98] [99]

Spektrum

Babels sieht sich selbst als eng mit den Sozialforen verbunden. Durch den Einsatz ihrer besonderen beruflichen bzw. sprachlichen Fähigkeiten möchten die Mitglieder einen Beitrag zur Verbesserung dieses Prozesses leisten.

> „It was born from the process of the Social Forums [...]. Without interlinguistic and intercultural communication these spaces could not exist."[100]

Der Einsatzbereich der Freiwilligen umfasst somit soziale Bewegungen, die in Einklang mit der Charta der Sozialforen arbeiten. Das bedeutet zum Beispiel „opposition to a process of globalization commanded by the large multinational corporations and by the governments and international institutions at the service of those corporations interests, with the complicity of national governments."[101]

97 Boéri/Hodkinson (2004).

98 Vgl. Boéri/Hodkinson (2004).

99 Vgl. Abschnitt 5.1, Beispiel 4.

100 Babels (2004a).

101 *World Social Forum Charter of Principles*, Artikel 4.

Der Bezug zum Sozialforum ist sozusagen der kleinste gemeinsame Nenner, um den sich Personen mit verschiedenen Hintergründen versammeln. Das Dokument *About us* betont die Zusammensetzung des Netzwerkes aus *„activists of all tendencies and backgrounds*, united in the task of transforming and opening up the Social Forums".[102] Boéri (2009) betont, dass hier nur die Ziele festgelegt werden, nicht aber die Motive für eine Mitarbeit vorgeschrieben. Sie bringt das auf die Formel „kollektives Handeln statt kollektiver Identität".[103]

Allerdings findet sich auch in der Babels-Charta ein klares Bekenntnis zum antikapitalistischen Spektrum. Hier wird Babels definiert als „a player in the ‚anti-capitalist' debate", und als eines der Ziele seiner Arbeit finden wir „to participate directly in the organisation of Social Forums and ‚anti-capitalist' international events".[104]

Politischer Charakter

An mehreren Stellen, unter anderem in der Charta, wird betont, dass es sich um ein Netzwerk von AktivistInnen handele[105]. Als „Bedingungen" für eine Mitarbeit nennt die Charta:

> „Everyone who wants to subscribe to the Babels network must agree to:
> – Adhere to the objects of the network and to provide voluntary interpretation or translation and/or participate in the discussion referred to in the point above."

Translation wird als politisches Handeln verstanden:

> Babels is not a provider of linguistic services, it is a *political actor.*[106]

102 Babels (2004a), Hervorhebung J.S.

103 Vgl. Boéri (2009: Kapitel 2).

104 Babels (2004b).

105 Zur Diskussion, in wieweit die Freiwilligen diesem Anspruch gerecht werden vgl. Abschnitt 5.2.

106 Babels (2004a), Hervorhebung J.S.

In diesem Zusammenhang steht auch die Forderung nach inhaltlicher und organisatorischer Beteiligung an den von Babels-DolmetscherInnen bedienten Veranstaltungen:

> „We do not work on any project in whose process we have not been *involved from the beginning*, contributing to the definition of the project itself with our ideas and demands.“[107]

Es geht um eine Überwindung der auf konventionellen Konferenzen vorherrschenden Trennung in EntscheidungsträgerInnen und DienstleisterInnen.

Im Falle des Londoner ESF 2004 drohten Babels-KoordinatorInnen, sich aus der Organisation des Forums zurückzuziehen, wenn nicht bestimmte Forderungen erfüllt würden. Beklagt wurden vor allem unzureichende Informationen und Mitspracherechte bei der Frage nach den benötigten und anzubietenden Sprachen sowie massive Probleme bei der Bereitstellung angemessener Unterkünfte und Erstattung der Reisekosten.[108]

Eine der Forderungen, die von Babels-AktivistInnen in der Planungsphase von Sozialforen angebracht wird, ist die gleichberechtigte Behandlung großer und kleiner Veranstaltungen, um nicht nur den prominenten RednerInnen Gehör zu verschaffen.[109]

Der Beitrag zum Gelingen der Sozialforen wird nicht einfach als Hilfsleistung oder Freundschaftsdienst verstanden, sondern als ein zentraler Beitrag, der das Ergebnis der Diskussionen beeinflusst. „By increasing the diversity of contributions to the debate, we transform its outcome.“[110]

Ein weiteres wichtiges Element des politischen Selbstverständnisses von Babels ist sein Entwurf als neuartige Form der Zusammenarbeit von Transla-

107 Babels (2004a), Hervorhebung J.S.

108 Vgl. Indymedia (2004). Hier wird von den Babels-AktivistInnen gleichzeitig Aufklärungsarbeit geleistet, indem sie erklären, **warum** diese Bedingungen erfüllt werden müssen, also z. B. warum DolmetscherInnen bestimmte Unterbringung benötigen.

109 Vgl. hierzu Boéri (2009: 125).

110 Babels (2004a).

torInnen unterschiedlichster Herkunft. Unter *The nature of Babels* lesen wir in der Charta:

> „Babels has been developed on the wide diversity of experiences of its volunteer interpreters and translators, with interpretation and translation becoming a method of exchange between *professionals and non-professionals, activists and non-activists.*“[111]

Dabei ist man sich der Ungewöhnlichkeit eines solchen Projektes und der potentiellen Gefahren und Missverständnisse durchaus bewusst. Eines der Dokumente betont daher, dass Aufklärungsarbeit nötig sei, um klarzumachen, dass Babels dem Berufsstand nicht schade.[112]

Ein weiteres Ziel ist es, RednerInnen und TranslatorInnen zusammenzubringen.[113]

Die Arbeit des Babels-Netzwerkes dient auch dazu, die Freiwilligen zu politisieren und zu einer Mitarbeit im ESF-Prozess zu motivieren.[114]

Babels möchte Translation außerhalb des Marktes anbieten. Das Verlassen des marktbestimmten Raumes drückt sich auch in anderen Aspekten der Arbeitsweise aus. So wird etwa freie Software verwendet oder Fair-Trade-Produkte[115]. Geistiges Eigentum wird in der Regel nicht als Privateigentum behandelt, sondern kann von allen genutzt werden, so beispielsweise die in Abschnitt 4.2.3. erwähnten Trainings-DVDs oder die Ergebnisse von Babels-Terminologieprojekten[116].

Babels stellt mit seiner Arbeitsweise ein Beispiel sogenannter prefigurativer Politik dar. D. h. die AktivistInnen schaffen in ihrem Handeln schon die andere

111 Babels (2004b), Hervorhebung J.S.

112 Babels (2008a).

113 Babels (2008a).

114 Babels (2008a).

115 de Manuel/Brander/Boéri (2005: 4).

116 Dabei handelt es sich um die Erstellung von mehrsprachigen Glossaren mit ESF-relevanter Terminologie. Diese können von den Freiwilligen zur Vorbereitung genutzt werden und sind frei zugänglich.

Welt. Das geht auf eine Aussage von Mahatma Gandhi zurück „Be the change you want to see.“[117]

Das Verlassen des Marktes bedeutet somit auch eine Überwindung der durch Lohnarbeit entstehenden Entfremdung vom Produkt (dem Translat). [118]

In der Möglichkeit, innerhalb des Netzwerkes Translatorin, Technikerin, Koordinatorin (gleichzeitig oder alternierend) zu sein, sieht Boéri (2009) eine Verbindung zu Visionen einer klassenlosen Gesellschaft. [119]

Wo findet die Intervention statt?

Bei Boéri (2008) findet sich eine Diskussion der Frage, ob sich die Intervention der Babels-Freiwilligen auf ihr Engagement in und für soziale Bewegungen beschränkt oder auch eine Intervention auf Textebene beinhaltet. Ich möchte die Passage dazu zitieren:

> It is unclear, however, whether Babels' narrative complies with or breaches the canonical professional script of neutrality and objectivity of volunteers when it comes to the actual narratives they mediate through interpreting. References to „experimentation in linguistic activism“ and discussions on „the part language plays in mechanisms of cultural domination“ in Babels' foundational texts seem to suggest that the group does not rule out some engagement in actual linguistic choices. Nevertheless, *there is no evidence to suggest that volunteers are expected or encouraged to intervene in the narratives they mediate* once they are in the booth.[120]

Aus eigener Anschauung sind mir allerdings Fälle bekannt, wo Freiwillige individuell entscheiden, ob sie einen bestimmten Redebeitrag dolmetschen oder nicht und wo dieses Verhalten toleriert und akzeptiert wird.[121]

117 de Manuel/Brander/Boéri (2005: 4).

118 Vgl. Boéri (2009).

119 Vgl. Boéri (2009).

120 Boéri (2008: 33), Hervorhebung J.S.

121 Siehe dazu 5.1, Beispiel 2 und 3.

4.2.3 Qualitätspolitik

Über die Qualitätsfrage wird innerhalb des Netzwerkes viel gestritten, diskutiert und polemisiert. Sie war auch Gegenstand der „Babels-Naumann-Kontroverse", die von Boéri (2009) ausführlich diskutiert wird.[122] Grundsätzlich gilt, dass bei der Qualitätsfrage von Babels-AktivistInnen in anderen Kategorien gedacht wird als es z. B. an Instituten für Dolmetschausbildung der Fall ist. Boéri und Hodkinson (2004) schreiben dazu:

> „Quality in the specific context and purpose of the Social Forums does not mean a professional standard of ‚technical proficiency' but the general ‚quality of communication' experienced in the Social Forum as a whole. This not only concerns how interpretation and translation are performed, but also how ‚access to the message' is facilitated or obstructed by the organisational structures and language discourses of the Forum, and its organisers, speakers and participants."

Als Verbesserung der Qualität kann in diesem Sinne auch größere Sprachenvielfalt bezeichnet werden oder die Zusammenarbeit von professionellen TranslatorInnen mit AktivistInnen aus dem Umfeld der Sozialforen im Rahmen der Terminologie- und Lexikonprojekte von Babels.[123]

Zu den Prinzipien von Babels zählt es, dass jedeR sich als FreiwilligeR melden kann. Es sind also ausdrücklich auch AnfängerInnen willkommen. So kann es zu der auf dem Markt extrem seltenen Situation kommen, dass ein „Profi" mit langjähriger Berufserfahrung mit einer engagierten Jugendlichen zusammen in der Kabine sitzt.[124] Um Ausfällen vorzubeugen, wird versucht, in

122 Die Debattte wurde ausgelöst durch einen von dem Konferenzdolmetscher Peter Naumann 2001 im AIIC-Forum *Communicate!* veröffentlichten Artikel, der Babels scharf kritisiert und dies vor allem an der Qualitätsfrage festmacht, vgl. Boéri (2008, 2009).

123 Vgl. Boéri/Hodkinson (2004).

124 Vgl. Abschnitt 5.1, Beispiel 1.

der Kabine immer mindestens eine Person mit der Angabe *experienced* oder *professional* zu haben.[125]

Neben dem oben genannten Verfahren bei der Kabinenbesetzung gibt es seitens Babels noch weitere Maßnahmen zur Qualitätssicherung. So wird etwa bei der Auswahl der Freiwilligen durch die KoordinatorInnen neben Kriterien wie regionaler Herkunft (Reisekosten – finanzielles Kriterium) oder Vorerfahrung in Sozialforen (politisches Kriterium) auch darauf geachtet, eine ausreichende Zahl erfahrener bzw. professioneller KollegInnen einzusetzen.[126]

Im Rahmen des *Situational Preparation Project* wurden auch Schulungsmaterialien auf DVD erarbeitet, die Ton- und Bildmitschnitte vergangener Sozialforen enthalten. So haben Personen ohne Dolmetscherfahrung oder professionelle DolmetscherInnen ohne Erfahrung in der globalisierungskritischen Bewegung die Möglichkeit, ihre Fähigkeiten zu testen und sich mit dem Vokabular und der Atmosphäre der Veranstaltung vertraut zu machen.[127]

Außerdem wird in den letzten Jahren verstärkt an eigenen Trainingsmaßnahmen vor Ort gearbeitet. So versuchte man etwa in Malmö, allen Neulingen vor Beginn des Forums Gelegenheit zu geben, sich in der Simultantechnik zu erproben. [128]

4.3 Dolmetschwissenschaftliche Einordnung

In diesem Abschnitt soll der Versuch unternommen werden, das Phänomen „Babels“ in Bezug zu einigen in der Dolmetschwissenschaft verwendeten Kategorien zu setzen.

125 Vgl. *http://www.babels.org*, selection criteria.

126 Zur Diskussion vgl. *http://www.babels.org*, Forum.

127 Vgl. Boéri (2008: 46).

128 Bei beiden geschilderten Maßnahmen wird hauptsächlich auf die Selbsteinschätzung der Freiwilligen vertraut. Vom Einsatz in der Kabine kann zwar abgeraten werden, jedoch ist diese Empfehlung für niemand bindend.

Die Situationen, in denen Babels-DolmetscherInnen tätig sind, haben Merkmale von typischem Konferenzdolmetschen, aber auch Merkmale, die für Community Interpreting oder Dolmetschen im privaten Kontext typisch sind. Das möchte ich im Folgenden an Hand einiger Kategorien aus der Dolmetschwissenschaft illustrieren. Dabei werde ich mich hauptsächlich auf Arbeiten von Pöchhacker beziehen.

Zuerst möchte ich die Konferenzsorte betrachten.

4.3.1 Konferenzsorte

Pöchhacker (1994) unterscheidet sieben prototypische Konferenzsorten:

1. satzungsgemäße Plenarversammlungen internationaler Organisationen – Kurzform „**Versammlung IO**", untergliedert nach:
   IGO (zwischenstaatliche Organisationen) und
   NGO (nichtstaatliche bzw. Privatorganisationen)
2. wissenschaftliche Tagungen oder Fachkongresse, in der berufspraktischen Literatur auch als „Vortragskongresse" bezeichnet – Kurzform „**Fachkonferenz**"
3. Seminare und Schulungsveranstaltungen unter Mitwirkung von anderssprachigen Referenten – Kurzform „**Seminar & Schulung**"
4. Arbeitstagungen internationaler und international besetzter Gremien (wie Ausschüssen oder Kommissionen internationaler Organisationen oder Konzernbereichsgremien), je nach Mandat in Form von Beratungen oder Verhandlungen – Kurzform „**Verhandlung**"
5. International besetzte Diskussionsveranstaltungen zu spezifischen, meist politisch-aktuellen Themen – Kurzform „**Aktuelles Forum**"
6. Informationsveranstaltungen einer Person oder Organisation in Form einer Pressekonferenz oder Präsentation (Stichwort „Öffentlichkeitsarbeit") – Kurzform „**Pressekonferenz & Präsentation**"
7. Vorträge und Referate von Gastrednern – Kurzform „**Gastvortrag**"[129]

129 Pöchhacker (1994: 51).

Diese Typologie versucht, eine Systematik der in der Praxis auftretenden Konferenzsituationen zu erstellen. Ihr Gegenstand sind also Situationen, bei denen Konferenzdolmetschen auftritt. Warum tritt dort Konferenzdolmetschen auf? Weil es einen Auftraggeber gibt, der die Arbeitsleistung von KonferenzdolmetscherInnen entlohnt. Mit anderen Worten, diese Systematik erfasst nur Situationen, die **auf dem Markt** vorkommen.[130]

Das ESF stellt eine Situation jenseits bzw. außerhalb des Marktes dar. Es ist ein Raum, wo eigentlich kein Konferenzdolmetschen vorkommt. Daher wird es auch in der Typologie nicht erfasst.

Versucht man eine Einordnung unter Punkt 1 (*Versammlung IO*), so fällt Folgendes auf:

Das ESF entspricht in etwa dem Wesen einer NGO. Jedoch ist es keine Organisation, hat keine Satzung, keine Mitglieder, keine Arbeitssprachen.

Trotz seiner Ähnlichkeiten mit Internationalen Organisationen staatlicher bzw. nichtstaatlicher Art richtet sich das ESF als Teil der antikapitalistischen Bewegung inhaltlich per definitionem genau **gegen** diese Organisationen.

Der Versuch einer Einordnung unter 5 (*Aktuelles Forum*) ergibt:

Einzelne Veranstaltungen auf dem ESF, wie etwa Podiumsdiskussionen, fallen zwar unter diese Kategorie. Dabei würde man aber außer Acht lassen, dass sie innerhalb eines größeren Konferenzrahmens stattfinden, zu dem z. B. auch basisdemokratische Koordinierungstreffen von AktivistInnen zählen.

Skopos

Die Anwendung dieser Typologie von „Hypertextprototypen" besteht unter anderem darin, dass sie DolmetscherInnen ermöglichen soll, den erwarteten Skopos der Translation für einen bestimmten Veranstaltungstypus leichter zu ermitteln.[131]

130 Das Vorhandensein eines Auftraggebers bzw. auf der anderen Seite gutbezahlter DolmetscherInnen kann geradezu als eines der Definitionsmerkmale für Konferenzdolmetschen bezeichnet werden. Andernfalls sprechen wir nicht von Konferenzdolmetschen.

131 Vgl. Pöchhacker (1994: 58).

Geht man davon aus, dass das ESF in dem Schema nicht erfasst wird, so ist auch die Frage nach dem Skopos entsprechend neu bzw. anders zu stellen. Zu untersuchen wäre, welchem Aspekt der Translation Priorität gegeben wird. Dafür könnte man entweder nach präskriptiven Aussagen suchen (z. B. in Dokumenten von Babels)[132] oder empirisches Material auswerten[133]. Je nachdem, ob man etwa dem Diskussionsfluss, der leichten Verständlichkeit für die HörerInnen, der inhaltlichen und terminologischen Präzision oder der Vermittlung von Atmosphäre Vorrang gibt, könnte man dann auch die Leistung der Babels-Freiwilligen „bewerten".

Im Rahmen der vorliegenden Arbeit kann dies nur ansatzweise geleistet werden.

Rollen in der Konferenzsituation: Dolmetscher als Initiator

Pöchhacker (1994) nennt sechs „Handlungsrollen beim Simultandolmetschen":

„Initiator, Auftraggeber, A-Redner, A-Zuhörer, Z-Redner, Z-Zuhörer."[134]

Der Initiator wird beschrieben als „die eine Konferenz veranstaltende Institution oder Organisation". Im vorliegenden Falle haben wir zwar das ESF in der Funktion einer IO.[135] Allerdings ist das ESF nicht Initiator der Translation. Die DolmetscherInnen selber treten in dieser Rolle auf, da sie aus eigener Entscheidung als selbständige AkteurInnen handeln und nicht als DienstleisterInnen des ESF.

Es fehlt nicht nur die Rolle des Initiators sondern auch die des Auftraggebers, da kein Auftrag existiert. Es werden zwischen ESF und Babels keine Verträge geschlossen.[136]

....

132 Vgl. Kapitel 4.2.

133 Vgl. Kapitel 5.

134 Pöchhacker (1994: 46).

135 Mit Einschränkung, siehe 4.1.

136 Ein Umstand, der sich als problematisch herausgestellt hat: Das Organisationskomitee des ESF 2008 hat Bankrott erklärt, und die Babels-Freiwilligen haben keine rechtlichen Mittel, um noch ausstehende Zahlungen für Reisekosten zu erhalten. Vgl. hierzu Boéri (2009: 237).

Texttypen

Zu den Texttypen auf Konferenzen möchte ich nur kurz anmerken, dass bei der Konferenzsorte ESF auch Texttypen vorkommen, die für andere Konferenzen nicht typisch sind. So könnte man etwa einen Texttyp *Ungeplanter Redebeitrag von Eindringling* (entspricht Beispiel 3 unter 5.1.) oder einen Texttyp *Erklärung der DolmetscherInnen zu Dolmetschsituation und Sprachenpolitik* (Beispiel 11) oder *Grußwort an die DolmetscherInnen* (Beispiel 1) aufstellen.

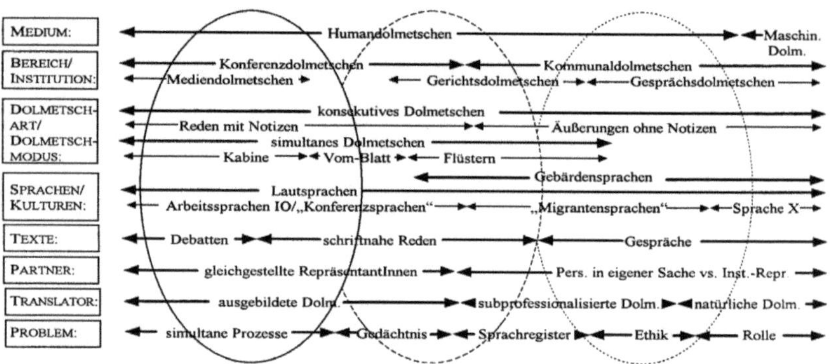

Abb. 1: „Welten"-Schema der Dolmetschwissenschaft

Drei Welten

Als nächstes möchte ich die von Pöchhacker verwendete Metapher der drei Welten[137] aufgreifen. In seinem *„Welten"-Schema der Dolmetschwissenschaft*[138] schlägt er vor, das Spektrum in drei Bereiche aufzuteilen: Der linke Bereich umfasst die Welt der internationalen Konferenzen, die „Erste Welt", in der Mitte wird das Gerichtsdolmetschen angesiedelt und der rechte Bereich, die „Dritte Welt", ist die Domäne des Community Interpreting.

Versucht man, das von Babels betriebene Dolmetschen in dieses Schema einzuordnen, so stellt man fest, dass hier Elemente von zwei „Welten" aufeinan-

137 Pöchhacker (2000: 123 ff.).

138 Pöchhacker (2000: 124).

dertreffen. Zwar handelt es sich um simultanes Konferenzdolmetschen mit Dolmetschkabinen. Auf den oberen drei Ebenen des Schemas, sowie auch auf der Ebene „Partner“, befinden wir uns also im linken Bereich. Auf den verbleibenden vier Ebenen scheint jedoch eher der rechte Bereich zutreffend:

„Sprachen/Kulturen“:

Statt der IO-Arbeitssprachen bzw. „Konferenzsprachen“ sind hier viel stärker dritte Sprachen, vielfach „Migrantensprachen“, vertreten.

„Texte“:

Häufiger als in anderen Konferenzsituationen treten hier zusätzlich zu schriftnaher Rede auch unvorbereitetes Sprechen und Gespräche auf.

„Translator“:

Neben professionellen treten auch subprofessionelle und natürliche DolmetscherInnen[139] auf.

„Problem“:

Fragen der Ethik und der Rolle nehmen im Kontext dieser Form des Dolmetschens einen wichtigeren Platz ein als Simultaneität oder kognitive Prozesse des Transfers.

Zur Verdeutlichung der These vom Aufeinandertreffen zweier Welten möchte ich im Folgenden einige meiner Meinung nach typische Elemente von Dolmetschsituationen aus dem Bereich der „Ersten“ bzw. „Dritten Welt“ nennen, welche auch in der Arbeit von Babels bei den ESF zu finden sind.

Elemente der „Ersten Welt“:

- Es handelt sich um eine große internationale Konferenz.
- Technik (Dolmetschkabinen) ist vorhanden.

139 Als natürliche DolmetscherInnen werden mehrsprachige Personen bezeichnet, die dolmetschen, ohne dafür ausgebildet zu sein.

- Konferenzräume sind vorhanden.
- Fachreferate werden gehalten.
- Die KonferenzteilnehmerInnen haben gleichen oder ähnlichen sozialen Status.
- Arbeitsbedingungen der DolmetscherInnen sind gut (Platz in den Kabinen, Teamstärke, Pausen).
- Es werden professionelle DolmetscherInnen eingesetzt.

Elemente der „Dritten Welt":

- Die Konferenz ist geprägt von Informalität; „Etikette" / diplomatisches Protokoll sind nicht zu beachten.
- Der Organisiertheitsgrad der Veranstaltung ist gering. Es kommt häufig zu „Pannen".
- Die meisten RednerInnen werden für ihren Auftritt nicht bezahlt.
- Die Mehrzahl der RednerInnen ist nicht prominent.[140]
- Viele Nicht-AkademikerInnen treten als RednerInnen auf.
- Die Mehrzahl der RednerInnen ist nicht an Dolmetschen gewöhnt.
- Die Mehrzahl der ZuhörerInnen ist nicht an Dolmetschen gewöhnt.
- Es tritt stark umgangssprachliche Rede auf.
- Es treten viele „Nicht-IO-Arbeitssprachen" auf.[141]
- Es werden nichtprofessionelle DolmetscherInnen eingesetzt.
- Die DolmetscherInnen arbeiten unbezahlt.

Statt von einem „Aufeinandertreffen" von Elementen beider Welten zu sprechen, wäre vielleicht folgende Aussage treffender: Personen aus dem Bereich der „Dritten Welt" bedienen sich einer Technik, nämlich des simultanen Kon-

140 Zur Politik von Babels gehört es explizit, nicht nur die großen Veranstaltungen mit prominenten RednerInnen zu bedienen, die es durchaus auf jedem SF gibt, sondern auch kleinere Basistreffen. Vergleiche hierzu Boéri (2009: 125).

141 Zur Sprachpolitik von Babels und dem SF, siehe Boéri (2009: 11, 14, 63).

ferenzdolmetschens, die normalerweise der Sphäre der „Ersten Welt" vorbehalten ist.

4.3.2 Dolmetsch-Art

Das Auffälligste des von den Babels-Freiwilligen betriebenen Dolmetschens ist, dass alle DolmetscherInnen unbezahlt arbeiten und dass die meisten von ihnen keine einschlägige Ausbildung besitzen bzw. diese noch nicht abgeschlossen haben.

Unbezahltes Dolmetschen von Laien wird normalerweise nicht mit Konferenzdolmetschen, sondern mit Dolmetschen im privaten Bereich bzw. mit Community Interpreting in Verbindung gebracht.

Aus diesem Grund, und da auch so viele andere Merkmale der „Dritten Welt" hier zuzutreffen scheinen, soll nun kurz der Frage nachgegangen werden, ob man das von Babels betriebene Dolmetschen als eine Sonderform des Community Interpreting betrachten könnte.

Eine solche Sichtweise erscheint mir wenig sinnvoll, da trotz einiger Gemeinsamkeiten meiner Meinung nach die Unterschiede genau in den für die Definition des Community Interpreting zentralen Aspekten auftreten.

Ich möchte versuchen, dies anhand einiger Punkte zu verdeutlichen.

Garber weist darauf hin, dass Community Interpreting in vielen Fällen der Herstellung einer „sozialen Gerechtigkeit" diene.

> „There is, therefore, an element of remediation inherent in Community Interpreting that has never been part of Conference Interpreting."[142]

Ein weiteres Unterscheidungsmerkmal ist die Herkunft der (prototypischen) jeweiligen DolmetscherInnen: Im Konferenzdolmetschen seien vor allem hochbezahlte AkademikerInnen tätig, im Community Interpreting hingegen häufig Menschen mit Migrationshintergrund, ohne höhere Bildung. Hier herr-

142 Garber (2000: 13).

sche schlechte Bezahlung und starke Fluktuation unter den DolmetscherInnen vor.

Nach dieser Beschreibung würde Babels tatsächlich eher in den Bereich des Community Interpreting als des Konferenzdolmetschens passen.

Dabei blieben allerdings weitere Merkmale des Community Interpreting unberücksichtigt.

Definitionsgrundlage für Community Interpreting ist in der Regel eine Kommunikationssituation, die Pöchhacker als „Person in eigener Sache vs. Inst.-Repr.“[143] beschreibt. Vergleiche auch die Definition der 1. Internationalen Konferenz zum Thema *Interpreters in the Community* (1995):

> „Community Interpreting enables people who are not fluent speakers of the official language(s) of the country to communicate with the providers of public services.“[144]

Am ESF nehmen zwar durchaus Gruppen oder Personen teil, die in ihrer eigenen Gesellschaft zu den NutzerInnen von Community Interpreting gehören (könnten), da sie z. B. ethnischen Minderheiten angehören. Auf dem ESF selber sind sie aber „unter sich“; die (Staats-) Institutionen, mit denen diese Gruppen in ihrer eigenen Gesellschaft konfrontiert sein mögen, sitzen nicht mit am Verhandlungstisch.

Beim Community Interpreting besteht ein zum Teil erhebliches Status- und Machtgefälle zwischen den TeilnehmerInnen der Kommunikationssituation.

Garber (2000)[145] nennt als Charakteristika des Community Interpreting:

- Interview-Setting: Anbieter einer Dienstleistung trifft auf Klienten.
- Anlass ist eine Krise im Leben des Klienten.
- Misslingt die Kommunikation, so verschärft sich diese Krise.

143 Pöchhacker (2000: 121).

144 Zitiert nach Pöchhacker (2000: 37).

145 Garber (2000: 13).

- Die Kommunikationsteilnehmer kennen oft die jeweilige Kultur des anderen nicht.
- (Fast) alle Macht liegt beim Anbieter der Dienstleistung; der Klient ist Mitglied einer machtlosen Minderheit.

Dieser Statusunterschied ist sicherlich eines der wichtigsten Kennzeichen von Situationen des Community Interpreting. Die Delegierten des ESF treffen aber als Gleiche aufeinander und auch die DolmetscherInnen sind ihnen gleichgestellt.

Ein weiteres Kriterium ist der internationale bzw. intrasozietäre Charakter des Dolmetschereignisses[146]. Konferenzdolmetschen fällt hier in den internationalen Bereich (internationale Konferenzen), Community Interpreting in den intrasozietären Bereich.

Es liegt auf der Hand, dass das ESF als internationales Arbeitstreffen kein intrasozietäres Ereignis ist.

De Manuel/Brander/Boéri (2005) weisen darauf hin, dass unbezahltes Dolmetschen im Community-Bereich Ergebnis mangelnder Anerkennung des Berufes sei. Im Gegensatz dazu sei *Civil Society Interpreting* nicht nur Reaktion auf einen Bedarf bestimmter gesellschaftlicher Gruppen, sondern eine alternative Produktionsweise. Die Unbezahltheit der Tätigkeit sei hier nicht Nebenwirkung einer mangelnden Anerkennung des Berufes oder fehlender Professionalisierung, sondern ein positiver Akt politischen Engagements.[147]

4.3.3 Sichtbarkeit revisited

Die Arbeit der Babels-Freiwilligen ist ein Beispiel dafür, wie KonferenzdolmetscherInnen sichtbar werden. Sie sind sichtbar in ihrer gesellschaftlichen Rolle, denn sie positionieren sich als – politische – AkteurInnen und nehmen zu gesellschaftlichen Problemen Stellung. Sie sind sichtbar, weil sie die Sphäre des

146 Vgl. Pöchhacker (2000: 39).

147 Vgl. de Manuel/Brander/Boéri (2005: 7).

Marktes für Translationsdienstleistungen verlassen und somit einen alternativen Translationsraum schaffen. Sie sind sichtbar als Kollektiv, als Gruppe, die gemeinsam handelt. Sie sind auch sichtbar in dem Translat, das sie produzieren, in den vielen individuellen Übersetzungsentscheidungen, die sie treffen, und die sich von denen anderer KonferenzdolmetscherInnen unter Umständen unterscheiden können

DolmetscherInnen zwischen oben und unten

Wie oben dargestellt unterscheidet sich das von Babels praktizierte Dolmetschen sowohl vom „klassischen" Konferenzdolmetschen als auch vom „klassischen" Community Interpreting.

Ich möchte versuchen, dies anhand einiger einfacher Zeichnungen veranschaulichen.

Die Schaubilder sind Versuche, die Positionierung des Dolmetschers zwischen den Gesprächspartnern darzustellen, aber nicht im Sinne einer Anlehnung an aus der Kommunikationswissenschaft bekannte Sender-Empfänger-Modelle, sondern im Sinne von Modellen der Position des Dolmetschers in der Gesellschaft.[148] Ich nehme dabei bewusst eine Sichtweise ein, die der der Babels-AktivistInnen selbst nahekommt.[149] Durch das Einnehmen einer antikapitalistischen Position kann der Charakter des Phänomens meiner Meinung nach am besten verdeutlicht werden.

In den Bildern gibt es jeweils ein „Oben" und „Unten", denn ich beziehe mich hier einerseits auf die marxistische Vorstellung einer Gliederung der Gesellschaft in Klassen, nämlich in herrschende Klasse und beherrschte Klasse, und andererseits auf Modelle von Imperium/Empire, also auf Modelle, die die Gesellschaft, den Aktionsraum von DolmetscherInnen, als hierarchisch und durch Machtbeziehungen geordnet versteht.

Andere mir bekannte Schaubilder über Dolmetschen lassen sozusagen (in der in Bild 3 dargestellten Situation) das „Unten" einfach weg, da die gedol-

148 Diesen Schaubildern liegt eine starke Vereinfachung von Gegebenheiten zugrunde. Daher möchte ich betonen, dass sie lediglich der Veranschaulichung von Gedankengängen dienen und keinen Anspruch auf sozialwissenschaftlich-terminologische Korrektheit erheben.

149 Vgl. Zitat aus Pöchhacker (2000: 16).

metschte Kommunikation nur auf der oberen Ebene des Bildes stattfindet. Das stimmt zwar, lässt aber den gesellschaftlichen Kontext der Kommunikation außen vor.

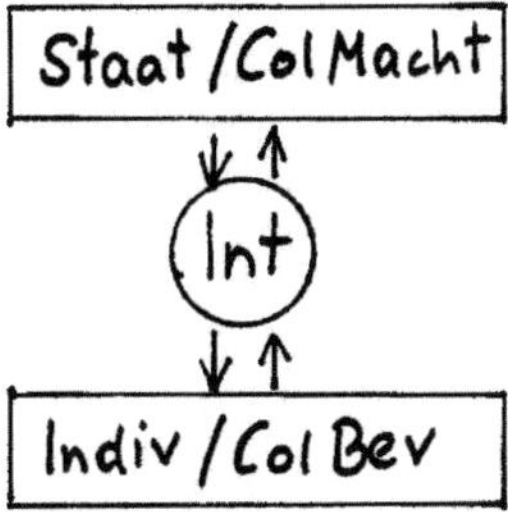

Abb. 2: Kolonialgeschichte

Abbildung 2 zeigt den Dolmetscher als Vermittler zwischen Kolonialmacht und Kolonialbevölkerung. Der Dolmetscher steht in der Mitte, er wird aber von der Kolonialmacht bezahlt und ist ihr zu Loyalität verpflichtet.[150]

Abbildung 3 zeigt das Community Interpreting. Auch hier wird die Dolmetscherin vom Staat bezahlt. Da es sich aber um einen „westlichen Sozialstaat" handelt, wird von ihr Loyalität nicht nur gegenüber diesem, sondern auch (oder sogar in erster Linie) dem Klienten gegenüber erwartet. Daher ist die Dolmetscherin näher am Klienten abgebildet.

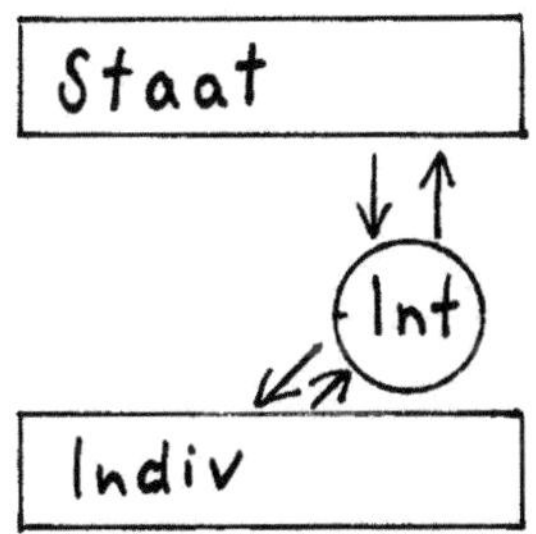

Abb. 3: Community Interpreting

150 Vgl. Kapitel 2.2.1.

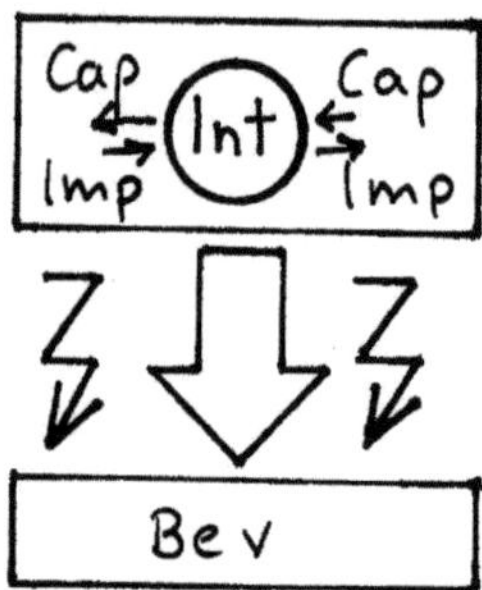

Abb. 4: Konferenzdolmetschen

In Abbildung 4 ist das „konventionelle“ Konferenzdolmetschen dargestellt. Der Dolmetscher ist hier als Teil der kapitalistischen/imperialistischen Macht dargestellt, denn er vermittelt in seiner beruflichen Tätigkeit zwischen Mitgliedern der „herrschenden Klasse“ und wird von ihnen bezahlt. Die Pfeile symbolisieren eine Unterdrückung des „Unten“[151] durch die „herrschende Klasse“. Dank der Vermittlung durch den Dolmetscher kommt es zu einer besseren Zusammenarbeit innerhalb der herrschenden Klasse, wodurch die Unterdrückung intensiviert wird.

Abbildung 5 zeigt die Arbeit von Babels. Dabei ist die Dolmetscherin Teil der „unterdrückten Klasse“, die sich in Form von sozialen Bewegungen gegen Kapitalismus und Imperialismus wehrt. Dank der Vermittlung durch die Dolmetscherin wird diese Bewegung gestärkt.

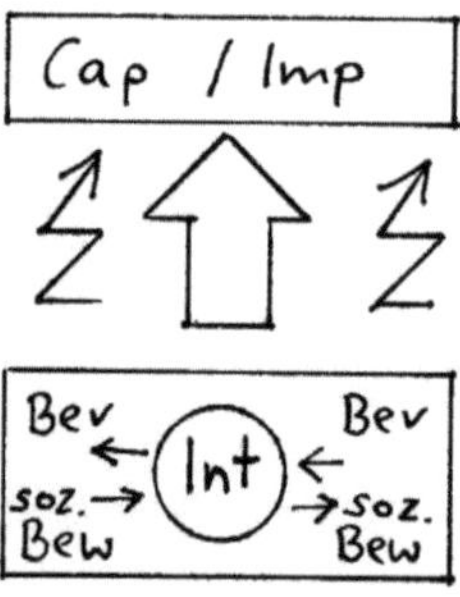

Abb. 5: Babels

151 Hier als „Bevölkerung“ bezeichnet.

4.4 Zusammenfassung

In diesem Kapitel habe ich zunächst das Europäische Sozialforum als Konferenzort vorgestellt, dann die Initiative Babels in einzelnen Punkten detailliert beschrieben. Anhand dieser Darstellung wurde von mir die These aufgestellt, dass dieses Phänomen nicht in bestehende Kategorien der Dolmetschwissenschaft passt. Dies wurde anhand einiger von Pöchhacker geprägter Begriffe erläutert, dabei wurden Konferenzsorte und Dolmetsch-Art getrennt betrachtet.

Schließlich folgte der Versuch einer Abgrenzung der Arbeit von Babels vom Community Interpreting.

Es wurde der Schluss gezogen, dass Babels etwas Neues praktiziert, das Merkmale von Konferenzdolmetschen und Community Interpreting aufweist, sich aber von beiden in zentralen Punkten unterscheidet.

Im letzten Abschnitt wurde der Versuch unternommen, aus einer aktivistischen Position heraus die Besonderheit der Arbeit von Babels darzustellen. Als Methode dienten dabei Schaubilder, die den Dolmetscher in einer in „Oben" und „Unten" gegliederten Gesellschaft verorten. Konventionelles Konferenzdolmetschen wurde dabei als Teil des „Oben" klassifiziert, Babels als Teil des „Unten".

5 Empirie

5.1 Erfahrungsberichte

Aus meiner eigenen Erfahrung als freiwillige Dolmetscherin beim ESF möchte ich einige Situationen beispielhaft schildern. Sie illustrieren meiner Meinung nach die Spezifik und Einzigartigkeit des hier behandelten Phänomens „Babels". An ihnen werden auch die wichtigsten Spannungsfelder sichtbar, die sich bei einem Projekt wie Babels ergeben. Ich möchte sie dementsprechend in Gruppen aufteilen und kurz kommentieren.

Profi vs. Laie / Qualität

Beispiel 1: London 2004
Alle an der Konferenz beteiligten DolmetscherInnen versammeln sich in einer Turnhalle. Es werden Begrüßungsworte in mehreren Sprachen gesprochen.

Danach treffen sich die einzelnen Kabinen zu einer Besprechung. Diese arten oft in heftige Diskussionen aus. Eine Kollegin wirft die Frage auf, wie sie als Profi sich verhalten soll, wenn sie mit einer Anfängerin in der Kabine sitzt, deren Output völlig unzulänglich ist. Manche sagen „Dann musst du sie eben unterbrechen, korrigieren, oder das Mikro übernehmen". Andere sagen „Auf keinen Fall. Hier ist es wichtig, dass jeder dolmetschen können soll, der sich für die Sache einsetzt".

Dieses Beispiel zeigt das für Babels typische Nebeneinander von professionellem Dolmetschen und Laiendolmetschen. Außerdem gibt es einen Eindruck von dem spezifischen Qualitätsverständnis, der bei vielen Freiwilligen herrscht: Die Partizipation der freiwilligen DolmetscherInnen an der „Sache", nämlich der Durchführung des ESF, wird z.T. als höherer Wert eingeschätzt als eine technisch perfekte Dolmetschleistung.

Aktivist vs. Nicht-Aktivist

Beispiel 2: Paris 2003

Veranstaltung über die Situation in Ex-Jugoslawien. Die (einzige) Dolmetscherin für eine der beteiligten ex-jugoslawischen Sprachen verlässt plötzlich aufgebracht die Kabine und erklärt in den Saal hinein „Den kann ich nicht dolmetschen, was er erzählt, ist gelogen!“ Dann schildert sie kurz die Sachlage aus ihrer Sicht und verlässt den Raum.

Die Veranstaltung geht weiter. Es entsteht eine Diskussion.

Beispiel 3: London 2004

Während einer Diskussionsveranstaltung zum Thema Antifaschismus und Antirassismus[152] mit Ken Livingstone[153] stürmen plötzlich schwarzgekleidete AktivistInnen die Bühne und geben über das Mikrofon eine Erklärung ab, in der sie sich (zum Teil in einer Nicht-Konferenzsprache) gegen die Vereinnahmung des Forums durch „reformistische Kräfte“ aussprechen.

Einige DolmetscherInnen bleiben stumm und beobachten interessiert bis belustigt. Andere dolmetschen das, was auf der Bühne gesagt wird – von Personen, die dort eigentlich, nach dem Willen der Veranstalter, nicht hingehören.

Beispiel 4: Malmö 2008

Im Publikum gibt es deutlich mehr Bedarf für Türkisch als für Deutsch, es sind aber nicht genug Kabinen für alle benötigten Sprachen vorhanden. Das türkische Team wirft daraufhin die Deutsch-DolmetscherInnen aus der Kabine, weil sie sich und „ihre“ Delegierten diskriminiert sehen.[154]

Hier handelt es sich um Beispiele, die zeigen, wieviel größer im Babels-Kontext der Spielraum für eigene Entscheidungen der DolmetscherInnen ist als auf

152 Eine kurze Beschreibung des Ereignisses findet man unter *http://en.wikipedia.org/wiki/European_Social_Forum*, aufgerufen am 10.12.2008.

153 Bürgermeister von London (*Mayor of London*, 2000 bis 2008), gilt als Linker in der Labour Party.

154 Vgl. Babels (2008b).

konventionellen Konferenzen. Sie zeigen Handeln von DolmetscherInnen, die sich gleichzeitig als politische AktivistInnen verstehen.

In Beispiel 2 verlässt eine Dolmetscherin ihre Rolle als Mittlerin zwischen den TeilnehmerInnen der Veranstaltung, um eine eigene inhaltliche Stellungnahme zu den Aussagen eines Redners abzugeben. Da die Babels-Freiwilligen nicht nur als SprachmittlerInnen, sondern als Teil der Sozialforumsbewegung agieren, wird ein solches Verhalten akzeptiert. Als nächstes entscheidet die Dolmetscherin, die Verdolmetschung abzubrechen. Sie begründet dies politisch: mit einer Meinungsdifferenz zwischen ihr und einem Redner. Auch dieses Verhalten wird akzeptiert.

Beispiel 3 ist ebenfalls eine Situation, in der jedeR DolmetscherIn individuell entscheidet, ob er oder sie bestimmte RednerInnen dolmetschen möchte. Da es keinen Auftraggeber gibt und die DolmetscherInnen aus eigenem Engagement heraus handeln, hat eine „Störergruppe“ genauso viel Anspruch auf Sprachmittlung wie die Veranstalter der Podiumsdiskussion.

Beispiel 4 zeigt, wie nicht die VeranstalterInnen, sondern die DolmetscherInnen entscheiden, welche Sprachen gedolmetscht werden sollen. Diese Entscheidung ist außerdem Ergebnis eines Konfliktes zwischen zwei Gruppen, der hier vor dem Hintergrund der Kritik an dominanten Ex-Kolonialsprachen zu sehen ist.[155]

Arbeitsbedingungen / Sichtbarkeit

Beispiel 5: London 2004
Delegierte werden von den DolmetscherInnen energisch und nicht gerade freundlich durch Klopfen an die Scheibe und entsprechende Handbewegungen aufgefordert, doch endlich nicht mehr die Sicht aus der Kabine zu verstellen.

Beispiel 6: Paris 2003
Ständiger Blick des Diskussionsleiters auf dem Podium in Richtung Dolmetschkabinen. Alle paar Minuten steht eineR der DolmetscherInnen auf, um durch Handbewegungen zu signalisieren, dass der Sprecher langsamer reden muss.

155 Vgl. 4.2.2.

Diese Situationen sind Beispiele dafür, wie sich die Konferenz an die DolmetscherInnen anpassen muss anstatt umgekehrt. Diese starke Präsenz von KonferenzdolmetscherInnen in Fragen der Arbeitsbedingungen ist auf konventionellen Konferenzen heutzutage sehr selten.[156] Sie ist in diesem Fall darauf zurückzuführen, dass die DolmetscherInnen nicht DienstleisterInnen der KonferenzteilnehmerInnen bzw. RednerInnen sind, sondern diesen gleichgestellte AkteurInnen im Rahmen des ESF-Prozesses.

Direkte Kommunikation mit den DolmetscherInnen

Beispiel 7: Malmö 2008
Bei der Vorstellung der Gäste auf dem Podium sagt der Moderator jeweils an, in welcher Sprache die Personen sprechen werden. Im Fall einer Rednerin, die auf Türkisch sprechen möchte, fragt er in den Saal, ob es eine Verdolmetschung ins Englische geben wird.

Diese Situation ist ein gutes Beispiel für die spezifische Arbeitsatmosphäre des ESF sowie für die Sprachpolitik. Sie stellt eine direkte Kommunikation mit den DolmetscherInnen dar, was auf konventionellen Konferenzen so nicht gegeben ist. Dort ist in der Regel alles schon vorher abgesprochen, die DolmetscherInnen bleiben so im Konferenzgeschehen tatsächlich unsichtbar, ihre Arbeit wird den TeilnehmerInnen nicht explizit bewusst gemacht. Die rechtzeitige Ansage der jeweiligen Sprache der DiskussionsteilnehmerInnen stellt eine Dienstleistung an die DolmetscherInnen dar, denn sie erleichtert deren Arbeit. Gleichzeitig ist sie eine Notwendigkeit, die sich aus der Sprachpolitik des ESF ergibt: Da jedeR nach Möglichkeit die Sprache seiner/ihrer Wahl sprechen können soll, herrscht große Sprachenvielfalt, und zum Teil ist vorher nicht bekannt, wer welche Sprache sprechen wird.

Wohlfühlen am Arbeitsplatz / Sozialleben

Beispiel 8: Paris 2003
Im Babels-Aufenthaltsraum stehen neben den PCs der KoordinatorInnen auch Sofas. Er bietet Gelegenheit zur Erholung, Austausch mit KollegInnen. Es gibt

156 Vgl. Abschnitt 2.2.2.

Kaffee und Snacks für alle. Um die Mittagszeit wird Pizza geliefert. An einem Schwarzen Brett werden Mitfahrgelegenheiten angeboten oder alte Bekannte gesucht.

Beispiel 9: Paris 2003
In den Kabinen steht nicht nur Wasser bereit, sondern es gibt auch Snacks.

Beispiel 10: London 2004
„Interpreters only": Ein Bereich des Konferenzcenters ist abgetrennt und nur für Babels-DolmetscherInnen reserviert.

„Silence please!": Während in den Babels-Räumen große Geschäftigkeit herrscht, bietet ein separates Zimmer, das nur zum Ruhe finden da ist, Rückzugsmöglichkeit aus dem Konferenzstress.

Diese Beispiele bringen ein Verständnis von Dolmetschen zum Ausdruck, das auf konventionellen Konferenzen bzw. Dolmetscherarbeitsplätzen kaum auftritt. Die DolmetscherInnen werden hier als soziale Wesen wahrgenommen, die auch oder gerade am Arbeitsplatz wichtige Bedürfnisse haben, z. B. nach Austausch mit KollegInnen, sozialen Kontakten, Gemeinschaftsgefühl, Erholung, Genuss. Diese Bedürfnisse werden respektiert, und sie erhalten einen hohen Stellenwert dadurch, dass ihre Befriedigung nicht als die individuelle Verantwortung jeder einzelnen Person in ihrer Freizeit gesehen wird, sondern die Bedingungen dafür am Arbeitsplatz geschaffen werden. Ich sehe dies als Ausdruck der in Abschnitt 4.2.2. angesprochenen prefigurativen Politik von Babels: Hier wird eine andere (Arbeits-)Welt geschaffen.

DolmetscherInnen als Teil der Bewegung / Teil der Konferenzsituation

Beispiel 11: Malmö 2008
Auf der *Assembly of social movements*, der letzten Plenarveranstaltung des Forums, wird von Mitgliedern des Babels-Netzwerkes eine Erklärung verlesen,

in der sie das Nordische Komitee[157] scharf dafür kritisieren, die freiwilligen DolmetscherInnen durch Fehlplanung und mangelnde Kommunikation mit unzumutbaren Arbeits- und Wohnbedingungen konfrontiert zu haben.[158]

Beispiel 12: Paris. London. Athen. Malmö.
Auf der Demonstration des ESF besteht ein Block nur aus DolmetscherInnen. Sie laufen hinter dem Transparent, auf dem in vielen verschiedenen Sprachen Worte stehen wie *widerstehen, diskutieren, wählen, teilen, widersprechen, glauben, zuhören, sich treffen.*

Diese Beispiele zeigen DolmetscherInnen als gleichberechtigte TeilnehmerInnen der Veranstaltung, deren DienstleisterInnen sie auf den ersten Blick scheinen mögen. Beides sind Fälle von kollektivem Handeln. In Beispiel 10 kritisieren VertreterInnen von Babels eine andere am ESF beteiligte Gruppe. In Beispiel 11 präsentieren sich die DolmetscherInnen öffentlich als Teil der Sozialforumsbewegung. Das Transparent der Gruppe enthält zwar keine konkrete politische Botschaft. Mit der Teilnahme an der Demonstration drückt Babels jedoch auch seine Unterstützung der politischen Forderungen des ESF aus.

*

Schlussfolgerung

Einige der geschilderten Situationen mögen banal wirken, andere unerhört erscheinen, so eklatant ist der Verstoß gegen Verhaltensregeln, die man im Dolmetschstudium lernt.

Dennoch ist all das wirklich passiert. Somit gehört es zur Realität, zum Spektrum des Konferenzdolmetschens genauso dazu wie die Erfahrungswelt der DolmetscherInnen in Brüssel oder New York.

157 Organisatorisch-logistische Vorbereitungsgruppe und gleichzeitig juristische Struktur des ESF Malmö.

158 Vgl. Babels (2008b).

5.2 Fragebögen

Auf dem 5. Europäischen Sozialforum, das vom 18. bis 21. September 2008 in Malmö, Schweden, stattfand, wurden von mir an die DolmetscherInnen mehrerer Veranstaltungen Fragebögen ausgegeben[159]. Die Ergebnisse der Befragung möchte ich hier kurz vorstellen.

Mein Ziel war es, aufgrund der Umfrageergebnisse Vermutungen über das Profil des/der „typischen" Babels-DolmetscherIn zu erstellen. Ausgehend von den vier Grundkategorien *Profi, Laie, Aktivist* und *Nicht-Aktivist* wollte ich sehen, ob alle Kombinationen dieser Kategorien vorhanden sind. Außerdem suchte ich nach Belegen dafür, dass bei Babels tatsächlich Profis und Laien, AktivistInnen und Nicht-AktivistInnen nebeneinander arbeiten.

Trotz des erheblich größeren Umfangs des Fragebogens beschränke ich mich daher hier auf eine Auswertung der Fragen, die sich mit dem Themenkomplex *Professionalität* und *Aktivismus* befassen.

Es liegen 20 ausgefüllte Fragebögen vor.

Professionalität

Zunächst einmal interessierte mich die Frage nach der unterschiedlichen Berufserfahrung der Freiwilligen. Das Spezifische an Babels ist seine Offenheit für alle Grade der Professionalität. Hier gab es vier Wahlmöglichkeiten: *first experience, occasional, experienced, professional*, entsprechend der bei der Registrierung als Babels-FreiwilligeR gemachten Angabe.

Vier Personen gaben *first experience* an, zwei *occasional*, acht *experienced* und sechs *professional*.

Die größte Gruppe ist somit die der erfahrenen, aber (noch) nicht professionellen KollegInnen. Diese besteht fast ausschließlich aus DolmetschstudentInnen oder AbsolventInnen entsprechender Studiengänge: Von den acht Befragten gaben sieben eine entsprechende Antwort, eine Person machte hier keine Angabe.

159 Muster des Fragebogens siehe Anhang.

Aktivismus

Hier lautete die Frage „*Do you consider yourself an activist*?". Mit *Ja* antworteten sechs Befragte, mit *Nein* dreizehn, eine Person vermerkte „noch nicht".

Somit ergeben sich folgende Kombinationen:

	+ activist	**– activist**
first experience	1	3 (davon ein „not yet")
occasional	-	2
experienced	2	6
professional	4	2

Nach Einschätzung einer Koordinatorin ist etwa die Hälfte der Babels-Freiwilligen als AktivistInnen einzuordnen[160]. Statistische Angaben darüber liegen leider nicht vor, da diese Information in der Datenbank nicht abgefragt wird. (Dies ist einerseits Ausdruck der Offenheit des Projekts für alle, andererseits der pragmatischen Erkenntnis, dass es ohne die „unpolitischen" Dolmetschstudentlnnen zu wenig Freiwillige gäbe[161]).

Motivation

Wenn man die Frage nach dem Aktivismus weiter spezifiziert, wird das Bild noch deutlicher:

Neben der Frage „*Do you consider yourself an activist*?" wurde auch nach der Motivation zur Teilnahme am ESF gefragt. Auf die Frage „*What is your reason to be here*?" konnten folgende Antworten gewählt werden: „*to gain experince in simultaneous interpreting*", „*to support the ESF process*" oder „*other reason*". (Mehrfachnennung möglich).

Dieser Punkt relativiert die Selbsteinschätzung als „AktivistIn". So reicht offenbar manchen Personen die Teilnahme an ESF bereits aus, sich als Aktivistin zu verstehen, anderen nicht.

Es ergibt sich folgende Verteilung:

160 Telefongespräch mit Barbora Molnarova vom 23.10.2008.

161 Gespräch mit Maria Brander am 20.09.2008.

+ activist	gain experience	support ESF	other
first experience	1	1	
occasional			
experienced	2	2	meet friends
professional	2	2	- learn about interpreting in other countries - conduct re-search

– activist	gain experience	support ESF	other
first experience	3	1	
occasional	2	1	
experienced	6	3	other experience
professional	1	2	enjoyment

Nur drei Personen gaben nicht an, Erfahrung im Simultandolmetschen sammeln zu wollen, alle aus der Kategorie *professional*. Einer davon gab gleichzeitig an, eine Befragung durchzuführen. Bei den anderen Personen handelt es sich um ein AIIC-Mitglied bzw. einen Kollegen mit langjähriger Berufserfahrung. Hier kann davon ausgegangen werden, dass diese Personen über die entsprechende Erfahrung zur Genüge verfügen.

In der Gruppe der „AktivistInnen" werden also beide Motivationen gleichmäßig genannt. Bei den „Nicht-AktivistInnen" fällt auf, dass ein großer Teil lediglich angibt, Dolmetscherfahrungen sammeln zu wollen.

Organisiertheit

In der Gruppe der „AktivistInnen" gehören zwei der Befragten jeweils einer Gewerkschaft und einer linksradikalen Gruppe an, eine Person der Grünen Partei. Alle drei Personen geben *experienced* bzw. *professional* an.

Bei den „Nicht-AktivistInnen" gibt eine Person (Kategorie *professional*) Mitgliedschaft in der AIIC an. Sie stuft sich zwar selbst nicht als Aktivistin ein, gibt aber eine Reihe weiterer ehrenamtlicher Engagements bei ESF-Veranstaltungen an.

Von zwei Personen (Kategorie *occasional)* wird Mitgliedschaft in einer Studentenaustausch- bzw. einer Tierschutzorganisation genannt.

Babels

Unter den Befragten sind keine Personen vertreten, die sich bei Babels im engeren Sinne engagieren, also als KoordinatorInnen arbeiten. Drei der Befragten gaben jedoch an, an Babels-Terminologieprojekten mitgewirkt zu haben.

Dieser Umstand kann nicht als repräsentativ betrachtet werden, da die KoordinatorInnen in der Regel neben ihren organisatorischen Pflichten auch Dolmetscheinsätze übernehmen.

Informiertheit über ESF und Babels

Die Befragten wurden gebeten, den Grad ihrer Informiertheit über das ESF und über Babels jeweils auf einer Skala von 1 bis 5 zu verorten. 1 entsprach dabei „*absolutely no knowledge*", 5 bedeutete „*very broad knowledge*". Die Ergebnisse sind in den folgenden Tabellen dargestellt.

ESF

	1	**2**	**3**	**4**	**5**
+ activist		1	3	2	1
– activist		3	6	3	1

Babels

	1	**2**	**3**	**4**	**5**
+ activist		2	1	3	1
– activist		3	2	7	1

*

Interpretation der Ergebnisse

Wegen der geringen Anzahl der ausgefüllten Fragebögen kann diese Erhebung natürlich nicht repräsentativ sein, sondern nur als Grundlage für Vermutungen dienen. Dabei beziehe ich neben den Fragebögen auch meine eigene Beobachtung mit ein.

Die Vermutung liegt nahe, dass es keinen „Prototyp" des/der Babels-Freiwilligen gibt.

Sogar eine so kleine Respondentengruppe gibt einen Eindruck davon, wie breitgefächert das Spektrum ist. Alle Kombinationsmöglicheiten des Merkmals *+/– activist* mit dem Merkmal *professional* in allen seinen Abstufungen (*professional, experienced, occasional, first experience*) waren unter den RespondentInnen vertreten, bis auf *+activist/occasional*. Das Nebeneinander von AktivistInnen und Nicht-AktivistInnen ist deutlich sichtbar. Die Motivationslage und die politischen Überzeugungen sind unterschiedlich, zentrale Gemeinsamkeit ist aber die Unterstützung des ESF. Man kann allerdings vermuten, dass Engagement innerhalb und Wissen über das ESF dabei sehr unterschiedlich ausfallen. Die Antworten bezüglich Informiertheit über ESF und Babels sind aufgrund der kleinen Respondentengruppe nur wenig aufschlussreich. Sie deuten darauf hin, dass „AktivistInnen" und „Nicht-AktivistInnen" in etwa gleich gut über das Projekt informiert sind, an dem sie sich beteiligen.

Zusammenfassend kann man sagen, das Projekt Babels bringt viele verschiedene Menschen mit einer breiten Palette von Motivationen, Qualifikationen, Weltanschauungen und Graden der Politisierung zusammen.

Ein immer größerer Teil der Freiwilligen scheint aus DolmetschstudentInnen oder AbsolventInnen zu bestehen. Das Ergebnis der Umfrage wird hier von meinem eigenen Eindruck bestätigt, wonach im Vergleich zu den vorherigen ESF die Zahl der DolmetschstudentInnen unter den Freiwilligen stark zugenommen hat. Auch die von mir befragten Koordinatorinnen teilen diesen Eindruck.[162] Der Grund dafür könnte darin liegen, dass, sobald die Möglichkeit sich erst einmal an den entsprechenden Instituten herumgesprochen hat, die Resonanz auf ein solches Angebot aus verständlichen Gründen sehr hoch ist. Es ist bekannt, dass BerufsanfängerInnen kaum Möglichkeiten haben, ihre Fähigkeiten auszuprobieren.

Diesen Trend könnte man als Bestandteil eines generellen Institutionalisierungsprozesses der ESF sehen, im Rahmen dessen sich in diesem eigentlich als antikapitalistisch angelegten Raum immer mehr die Realitäten des Arbeitsmarktes durchsetzen. In diesem Sinne kann die Teilnahme am ESF durchaus

162 Gespräch mit Maria Brander am 20.09.2008, Telefongespräch mit Barbora Molnarova am 23.10.2008.

der Förderung von Karriereinteressen dienen, wenn junge DolmetscherInnen ihren Wert als „Humankapital" durch das Sammeln von Praxiserfahrung steigern wollen.

Dies wirft die Frage auf, ob es dadurch nicht zu einer grundlegenden Veränderung des Charakters des gesamten Projektes kommt, das sich ja eigentlich als Netzwerk politischer AktivistInnen versteht. Kommt es dadurch nicht zu einer Entpolitisierung von Babels?

Nach Ansicht einer der KoordinatorInnen bietet die hohe Beteiligung von DolmetschstudentInnen aber auch die Chance, rein aus Gründen der Berufserfahrung zum Projekt gekommene junge Menschen zu politisieren.[163]

Trotz der wachsenden Beteiligung von Personen mit professionellem Hintergrund gibt es nach wie vor das Nebeneinander von professionellen DolmetscherInnen und AnfängerInnen bzw. Laien. Mein subjektiver Eindruck ist allerdings, dass die Gruppe der Laien schrumpft.

In der Befragung waren zwar einige Personen mit *first experience* vertreten, darunter allerdings keine AktivistInnen ohne professionelles Interesse. Das Vorhandensein einer solchen Gruppe mit geringem Professionalisierungs- und hohem Aktivismus-Wert, ähnlich den Babels-GründerInnen der „ersten Stunde", kann nur vermutet werden. Fehlte sie, würde das entweder darauf hindeuten, dass alle am Projekt beteiligten AktivistInnen inzwischen einen Prozess der Professionalisierung durchlaufen haben, oder dass der Anspruch von Babels als politisches Projekt sich nicht mit der Realität deckt.

Aus den Fragebögen und meiner persönlichen Erfahrung geht hervor, dass unter den Freiwilligen zahlreiche professionelle KonferenzdolmetscherInnen sind – sogar die „Elite" aus der AIIC ist vertreten.

Warum unter den Befragten in der Gruppe *„professional"* die Zahl der „AktivistInnen" überwiegt, ist offensichtlich – wer das Dolmetschen bereits zu seinem Beruf gemacht hat, wird an einer solchen Veranstaltung nur aus Engagement teilnehmen. Eine andere Motivation kommt kaum in Frage, schließlich gibt es keinerlei Geld zu verdienen, man muss im Gegenteil mit

163 Gespräch mit Maria Brander am 20.09.2008.

Verdienstausfall rechnen, und dazu noch Stress und Unbequemlichkeiten in Kauf nehmen.

Dies zeigt, dass es auch in dieser hochqualifizierten Gruppe DolmetscherInnen mit politischem Bewusstsein gibt. Diese Feststellung mag banal klingen, gibt es doch in jeder gesellschaftlichen Gruppe Menschen, die sich politisch engagieren. Gerade KonferenzdolmetscherInnen halte ich jedoch für eine Gruppe, die bereits während der Ausbildung besonders häufig mit einer starken Neutralitätsforderung konfrontiert sind.

Zwar legt beispielsweise die AIIC ihren Mitgliedern ehrenamtliche Dolmetscheinsätze nahe. Ob damit allerdings das antikapitalistische Spektrum gemeint ist oder doch eher „systemimmanente" NGOs, halte ich für fraglich.[164]

Weiterführend wäre es interessant, die Dolmetschleistung von Freiwilligen mit den verschiedenen Kombinationen der Merkmale +/– *activist* und *professional/ experienced/occasional/first experience* zu untersuchen. Eine Leitfrage könnte dabei sein: Ist die Leistung von nicht-professionellen AktivistInnen in einem aktivistischen Kontext genauso angemessen wie oder sogar angemessener als die von professionellen DolmetscherInnen ohne aktivistischen Hintergrund?

Aufgrund ihres begrenzten Umfangs kann die vorliegende Arbeit hierzu nur Ansätze liefern. Diese sollen im folgenden Abschnitt vorgestellt werden.

5.3 Mitschnitte

Während des ESF Malmö wurden von mir in vier Veranstaltungen Tonaufnahmen von Originalreden und Verdolmetschungen gemacht. Aufgrund von technischen Problemen erlauben diese Aufnahmen nur sehr begrenzt und punktuell einen Vergleich von Texten verschiedener DolmetscherInnen untereinander sowie mit dem Original.[165]

164 Vgl. Abschnitt 3.6.

165 Wie bereits unter 4.2.2. erwähnt, war die ALIS-Technik in den meisten Konferenzräumen nicht funktionsfähig, so dass häufig auf Konsekutiv- oder Flüsterdolmetschen ausgewichen wurde. Zudem gab es keine TechnikerInnen.

Wo ein solcher Vergleich möglich ist, führe ich im Folgenden einzelne Textstellen an. Ansonsten beschränke ich mich auf allgemeine Aussagen über die Leistung einzelner Personen.[166]

Von allen aufgezeichneten Personen liegen ausgefüllte Fragebögen vor.

5.3.1 Nebeneinander von Profi und Laie

Bei der Veranstaltung „*Facing the Food Crisis*"[167] ist die polnische Kabine besetzt mit Pl 1[168] (*professional, activist*) und Pl 2 (*occasional, non-activist*). Pl 1 dolmetscht vom deutschen Relais und englischem Original, Pl 2 aus dem deutschen Relais. Das bedeutet für Pl 1 eine Kombination von A und C nach B, für Pl 2 von A nach C.[169]

Zwischen Pl 1 und Pl 2 besteht ein deutlich wahrnehmbarer Qualitätsunterschied. Das lässt sich erstens am Redefluss festmachen: Pl 2 macht lange Sprechpausen, bricht Sätze ab, intoniert häufig fragend oder unsicher. Pl 1 spricht deutlich gleichmäßiger und flüssiger.

Pl 2 ist zudem mit grundlegendem Vokabular weniger vertraut, „*WTO*" dolmetscht sie beispielsweise als „*WTO*" [eigentlich „*światowa organizacja handlu*"]. „*Agrar-*" gibt sie als „*agrarny*" [statt „*rolny*"] wieder. Auffallend ist, dass beide Personen nicht mit dem Thema vertraut sind, mit Schlüsselbegriffen z.T. überfordert sind, die Namen der RednerInnen und Organisationen nicht kennen. Beide sind unvorbereitet.[170]

---

166 Als Grundlage dient dabei meine eigene Erfahrung als Simultandolmetscherin. Ich bin mir bewusst, dass diese Aussagen nicht völlig objektiv sein können, halte es aber dennoch für legitim, mit ihnen zu arbeiten.

167 Stattgefunden am 18.09.2008. Von dieser Veranstaltung liegen Aufnahmen aus der polnischen und der englischen Kabine vor. *Floor* und deutsche Kabine fehlen.

168 Ich bezeichne im Folgenden die DolmetscherInnen mit dem Kürzel der Sprache, in die sie arbeiten und einer Nummer.

169 Diese Information wird im Fragebogen erfasst.

170 Diese Information wird im Fragebogen erfasst.

Die deutsche Kabine ist besetzt mit De 1 (*first experience, non-activist)* und De 2 (*experienced, non-activist)*. Beide dolmetschen nur aus dem englischen Original bzw. englischem Relais.

Der Redebeitrag auf Türkisch wird von En 3 (*experienced, non-activist, A en, A tr)* gedolmetscht. En 3 ist auf den Einsatz vorbereitet. Er dolmetscht flüssig und terminologisch sicher. Pl 2 dolmetscht aus dem deutschen Relais, wobei die deutsche Kabine das englische Relais verwendet. Durch das doppelte Relais geht beispielsweise die Information, welcher Organisation die Rednerin angehört[171], zunächst verloren. Als später noch einmal der Name der Organisation fällt, reagiert Pl 2 verwundert, dolmetscht zwar (relativ) korrekt, aber mit fragender Betonung *„związek architektów i inżynierów …?"* [„Verband der Architekten und Ingenieure"][172].

*

Schlussfolgerungen

Ich möchte kurz einige Punkte nennen, die ich für beachtenswert halte.

Dolmetschen in die B-Sprache, im Falle von Pl 2 sogar in die C-Sprache, ist nach meiner Einschätzung auf den ESF keine Seltenheit. Zwar gilt eigentlich die Regel, dass in die A-Sprache gearbeitet werden soll. Diese wird aber nicht immer eingehalten. Der Grund dafür könnte darin liegen, dass es nicht möglich ist, genau zu planen, wie viele Freiwillige für bestimmte Sprachenkombinationen nötig sind.

Von den fünf hier erwähnten DolmetscherInnen ist nur eineR **vorbereitet**. Das hängt mit der Tatsache zusammen, dass auf ESF in der Regel nur sehr kurzfristig die Einsatzpläne zusammengestellt werden können, in Malmö geschah dies meist am Vorabend. Das macht eine spezifische Vorbereitung fast unmöglich.

171 TMMOB: Türk Mimar ve Mühendis Odaları Birliği, etwa: Union der Türkischen Architekten- und Ingenieurskammern.

172 Diese und alle folgenden Übersetzungen aus dem Polnischen und Türkischen: J.S.

Das Arbeiten mit **mehreren Relais** ist auf den ESF aufgrund der großen Sprachenvielfalt sehr gängig. Dass dies häufig zu Lasten der Qualität geht, wird in der Aufnahme von Pl 2 deutlich, denn man kann vermuten, dass die Mängel in der Leistung von Pl 2 zumindest teilweise auf ein schwaches Relais zurückgehen. Probleme dieser Art werden offensichtlich in Kauf genommen, da man der Sprachenvielfalt Priorität einräumt.

Eine Aussage über den **Zusammenhang zwischen Dolmetschleistung und aktivistischem Hintergrund** lässt sich nur schwer treffen. Man könnte zwar vermuten, dass Pl 1 und En 3 sicherer dolmetschen als Pl 2, De 1 und De 2, weil sie einen aktivistischen Hintergrund haben (Pl 1 bezeichnet sich als *activist*, zudem haben beide bereits an drei ESF als Dolmetscher teilgenommen[173]). Andererseits haben beide bessere professionelle Voraussetzungen als die anderen: Pl 1 gibt *professional* an, En 3 zwar nur *experienced*, ist aber auf den Einsatz vorbereitet und dolmetscht zudem zwischen zwei A-Sprachen.

Die im nächsten Abschnitt beschriebene Veranstaltung bietet eine bessere Grundlage für solche Überlegungen.

5.3.2 Aktivist vs. Nicht-Aktivist

Die bei der Veranstaltung „*Against foreign military bases*“[174] aufgezeichneten DolmetscherInnen haben in etwa gleiche professionelle Voraussetzungen. Es handelt sich um drei Personen mit der Angabe *professional* und einen Absolventen eines Dolmetschstudienganges mit der Angabe *experienced*. Alle arbeiten zudem aus ihrer B- oder C-Sprache in die A-Sprache. Die Leistung ist bei allen Personen sicher und flüssig. Zwei von ihnen bezeichnen sich als politische AktivistInnen.

173 Diese Information wird im Fragebogen erfasst.

174 Stattgefunden am 19.09.2008. Wegen fehlender Technik wurde die Verdolmetschung geflüstert. Es liegen Aufnahmen von *Floor*, polnisch, deutsch und türkisch vor. Aufgrund der großen Zahl der polnischen Delegierten flüstern zwei DolmetscherInnen gleichzeitg. Die Aufnahmen von Pl 3, Pl 4 und De 3 sind teilweise parallel und können direkt verglichen werden.

Aufgrund dieser Gegebenheiten gilt mein Augenmerk hier vor allem der Frage, ob in der Verdolmetschung Anzeichen für unterschiedliche Dolmetschstrategien von AktivistInnen und Nicht-AktivistInnen vorhanden sind.

Zuerst möchte ich mich auf Passus beziehen, die einen direkten Vergleich der Verdolmetschung mehrerer Personen ermöglichen. Zuerst gehe ich auf Unterschiede bei der **Anredeform** ein.

Im ersten Teil der Veranstaltung stellt der Moderator das Netzwerk „No Bases" und seine Geschichte vor. Er wendet sich direkt an die Anwesenden und sagt „*You are all activists, you know how …*". Pl 3 (*experienced, non-activist*) übersetzt mit „*Aktywiści którzy tutaj są na pewno zdają sobie sprawę …*" [„die hier anwesenden Aktivisten wissen sicherlich …"] Bei De 3 (*professional, activist*) haben wir hier eine Korrektur: „*Sie sind ja alle … ihr alle seid Aktivisten*".

Die Anwesenden werden kurz darauf gebeten, sich in einen E-Mail-Verteiler einzutragen. Der Moderator sagt: „*if you are activists*". Pl 3 macht daraus „*jeśli jest ktoś z państwa aktywistą*" [„Falls jemand von Ihnen Aktivist ist"]. Bei Pl 4 (*professional, non-activist*) haben wir „*jeżeli jesteście państwo aktywistami*" [„Wenn Sie Aktivisten sind"][175]. De 3 sagt an dieser Stelle „*wenn ihr Aktivisten seid*".[176]

Von Tr 1 (*professional, activist*) ist hier jeweils keine Aufnahme vorhanden. Daher möchte ich zwei andere Stellen anführen, wo er eine direkte Ansprache des Publikums dolmetscht: „*Someone from the audience asked*" gibt er mit „*siz […] sordunuz*" [„*Sie […] fragten/ihr fragtet*"] wieder und „*with your support*" mit „*sizin desteğinizle*" [„*mit Ihrer/eurer Unterstützung*"].

Trotz der verschiedenen Sprachen kann man hier sehen, wie vier verschiedene Personen mindestens drei verschiedene Entscheidungen treffen, wie das englische „*you*" in dieser Situation am besten wiederzugeben sei. „*You*" kann bekanntermaßen im Deutschen sowohl einem „*Sie*" als auch einem „*Du/Ihr*" entsprechen. Die Wahl muss dem Kontext entsprechend getroffen werden. Im

175 Pl 4 siezt die TeilnehmerInnen ebenfalls, verwendet jedoch die weniger formale Form „*2.Pers. pl + państwo*".

176 De 3 korrigiert in der Folge noch mehrmal von „*Sie*" nach „*ihr*".

vorliegenden Fall ist der Kontext ein Koordinierungstreffen von Basis-AktivistInnen aus Zusammenhängen des Antimilitarismus. Dies spricht meines Erachtens am ehesten für eine Verwendung des deutschen *„Du/Ihr"*.

Pl 3 entscheidet sich für eine sehr indirekte und förmliche Ansprache, Pl 4 bleibt ebenfalls beim *„Sie"*. Die Wahl von Tr 1 kann schwer beurteilt werden, da die Verwendung des türkischen *„siz"* in etwa dem des *„you"* entspricht. De 3 entscheidet sich für *„ihr"* und verhält sich damit nach meiner Einschätzung der Kommunikationssituation angemessen.

Interessant ist die Korrektur von *„Sie"* zu *„ihr"* bei De 3. Alle vier Personen sind praktizierende oder zukünftige professionelle DolmetscherInnen und scheinen als solche stark verinnerlicht zu haben, dass man TeilnehmerInnen von Konferenzen siezen muss. Der Grund für die Korrektur bei De 3 könnte möglicherweise darin liegen, dass sie als Aktivistin den Charakter der Kommunikationssituation besser erfasst und bewusst versucht, dem „reflexartigen" Verwenden von *„Sie"* entgegenzuwirken.

Ich möchte noch eine weitere Textstelle anführen, in der ein Vergleich zwischen der Verdolmetschung von Pl 3 und De 3 möglich ist. Beide geben den Inhalt der Passus unvollständig wieder; der Unterschied liegt darin, welcher Aspekt jeweils erhalten bleibt. Der Redner ruft hier zu Protestaktionen anlässlich des 60. Jahrestags der NATO-Gründung auf, und sagt *„60 years, Happy Birthday NATO, 60th anniversary, let's make it an unhappy birthday, and I hope for a huge demonstration next april"*. Pl 3 dolmetscht *„60. rocznica założenia NATO, będzie tam także wielka demonstracja"*[„60. Jahrestag der NATO-Gründung, auch dort wird es eine große Demonstration geben"]. Der Aspekt „Hoffnung auf große Beteiligung an der Demonstration" und die Ironie des „scheinbaren Gratulierens" werden hier nicht vermittelt, erhalten bleibt die Sachinformation „Anlass" und „Stattfinden einer Demonstration". De 3 dolmetscht *„60 Jahre NATO, Herzlichen Glückwunsch NATO, dieser Jahrestag ist sehr wichtig, lasst uns alle da hin fahren und ihnen gratulieren!"* In dieser Version fehlen die Informationen „Termin" sowie „Stattfinden einer Demonstration", dafür sind sowohl Aufruf als auch Ironie erhalten, außerdem bleibt die Verbindung zwischen Redner und ZuhörerInnen im *„lasst uns"* erhalten. Mit *„dieser Jahrestag ist sehr wichtig"* fügt De 3 sogar noch ein zusätzliches appelatives Element ein.

Im Folgenden möchte ich noch einige Anmerkungen zur Dolmetschleistung einzelner Personen machen. Hauptsächlich beziehe ich mich dabei auf De 3 und Pl 3, da von diesen am meisten Material vorliegt.

Zu **De 3** kann man allgemein sagen, dass sie auffallend umgangssprachlich dolmetscht. Das kann einerseit auf mangelnde Konzentration aufgrund der sehr belastenden Arbeitsbedingungen zurückzuführen sein. Andererseits könnte es auf mangelnde Professionalität hindeuten. Eine weitere Deutung wäre, dass De 3 in diese Situation einen umgangssprachlichen, saloppen Stil für hinreichend und sogar angebracht hält.

Bei ihrer Verdolmetschung fällt weiterhin auf, dass sie mitunter weiter geht als der Sprecher, indem sie Passus eine „ideologische Färbung" gibt, die im Original neutraler waren.

So entscheidet sie sich etwa bei der Suche nach einem Äquivalent für *„near abroad"* in der Aussage *„The United States, their near abroad is planet earth. Their near abroad is everything. That's how they see it"* für *„Hinterhof"*: *„Die USA betrachten die ganze Welt als ihren Hinterhof"*.

Pl 3 bleibt im Vergleich dazu insgesamt sehr formal. Es fällt auf, dass er außer des schon zitierten NATO-Passus auch an mehreren anderen Stellen eine Botschaft des Redners „neutralisiert". So geht zum Beispiel die „Gangstermetapher" im Abschnitt *„the pressure is on the countries that aren't the most massive superpowers to ally themselves, just like little gangsters want to be with Al Capone, because he's the big guy, so the smaller gangsters in all our countries, exploiting people and building their own armies, they want to be with the big guys"* verloren. *„Smaller gangsters"* wird zu *„mniejsze kraje"* [„kleinere Länder"] in *„Wiele krajów jest pod wpływem wielkich supermocarstw, i mniejsze kraje przyłączają się do niego, ponieważ chcą być z tym dużym."*[177]

Den Abschnitt *„Poland joined [NATO, Anm. J.S.] just in time to have that heroic bombardment of Belgrade and other places in Serbia"* dolmetscht er als *„Polska stała się członkiem NATO. Potem braliśmy udział w interwencji w Jugosławii"* [„Polen trat der NATO bei. Danach beteiligten wir uns an der Intervention in Jugoslawien"]. Diese Version drückt eine Identifikation mit dem

177 „Viele Länder sind unter dem Einfluss großer Supermächte, und die kleineren Länder verbünden sich mit ihm, weil sie an der Seite des Großen sein wollen." Übersetzung J.S.

polnischen, kriegführenden Staat aus, die auf einem Treffen von KriegsgegnerInnen deplatziert wirken muss.

TR 1 (*professional, activist*) wirkt sehr souverän, er dolmetscht flüssig und terminologisch sicher. Dies korrespondiert mit der Tatsache, dass er als einziger der in diesem Kapitel erwähnten Personen im Fragebogen nicht als Motivation angegeben hat „*to gain experience in simultaneous interpreting*".

Veranstaltung „Climate change"

Der Unterschied in der **Anredeform** ist noch in einer weiteren Aufnahme zu erkennen.

Auf der Veranstaltung „*Planning for the UN climate meetings in Poznan 2008 and Copenhagen 2009*"[178] ist die polnische Kabine besetzt mit Pl 4 (*professional, non-activist*) und Pl 5 (*experienced, activist*). Pl 5 entscheidet sich für eine Anrede mit „*wy*" [„ihr"], während Pl 4, wie schon vorher, „*państwo*" [„Sie"][179] verwendet.

Pl 5 sagt beispielsweise: „*Myślicie, że uda nam się zorganizować 200 000 ludzi w Kopenhadze?*" [„Meint ihr, wir schaffen es, in Kopenhagen 200 000 Leute zu organisieren?"]. Zum Vergleich ein Zitat von Pl 4: „*Potrzebujemy bardzo dużo wsparcia od państwa organizacji, wystarczy nam to że będą państwo starali się* …" [„Wir brauchen sehr viel Unterstützung von Ihren Organisationen, es ist für uns ausreichend, dass Sie versuchen …"].

5.4 Zusammenfassung

Dieser Vergleich von AktivistInnen mit Nicht-AktivistInnen mit ähnlichem professionellen Hintergrund gibt einige Anhaltspunkte für die Vermutung, dass AktivistInnen tatsächlich in diesem Kontext angemessener dolmetschen. Dabei kann „angemessener" nicht im Sinne von „vollständiger" oder „terminologisch richtiger" verstanden werden. Vergleicht man beispielsweise längere Passus von Pl 3 und De 3, so fällt auf, dass bei beiden Ungenauigkeiten auftre-

178 Stattgefunden am 20.09.2008, auch hier handelt es sich um ein Vernetzungstreffen.

179 In dieser Aufnahme verwendet Pl 4 sogar die formellere Variante „*3. Pers. Plural + państwo*".

ten. Wie ich am Beispiel des NATO-Passus zu zeigen versuchte, gibt es jedoch Unterschiede dahingehend, welche Aspekte der Aussage jeweils verloren gehen und welche erhalten bleiben. Die Ergebnisse interpretiere ich so, dass bei De 3 eine stärkere Reflektiertheit vorhanden zu sein scheint, die ihr eine bewusstere Auseinandersetzung mit der Situation ermöglicht. Diese „Auseinandersetzung mit der Situation", mit anderen Worten die **Analyse der textexternen Faktoren** als Teil einer Ausgangstextanalyse im Sinne von C. Nord[180], ist beim Dolmetschen entscheidend für das Textverständnis und somit für eine gelungene Verdolmetschung, da eine Analyse der textinternen Faktoren nur ad hoc, also sehr eingeschränkt stattfinden kann. Die textexternen Faktoren sind nach Nord: *Senderpragmatik, Intention des Senders, Empfängerpragmatik, Medium/Kanal, Ortspragmatik, Zeitpragmatik, Kommunikationsanlass* und *Textfunktion.* Unter ‚Textfunktion' fällt auch die Ermittlung des Skopos[181]. Eine möglichst genaue Analyse dieser Faktoren ermöglicht beim Simultandolmetschen sozusagen den Aufbau einer Erwartungshaltung gegenüber dem Ausgangstext, eines Bewusstseins darüber, welche translatorischen Entscheidungen hier voraussichtlich angebracht sein werden. So ergibt sich zum Beispiel aus der Analyse des zu erwartenden Nähe-Distanz-Verhältnis zwischen Redner und Publikum die zu wählende Anredeform.

Um die oben geäußerte Vermutung bestätigen oder widerlegen zu können, wäre die Auswertung von erheblich mehr empirischem Material mit einer größeren Anzahl von Personen und einem umfangreicheren Textkorpus notwendig.

180 Vgl. Nord (1991: 44 ff.).

181 Vgl. Kapitel 4.3.1.

6 Schlussfolgerungen

Ich möchte abschließend auf die in der Einleitung genannten Ziele meiner Arbeit zurückkommen. Das erste Ziel war die Darstellung und Einordnung eines Phänomens. Hierzu wurden Babels und das ESF zunächst allgemein beschrieben. Der darauf folgende Versuch einer Einordnung in Kategorien der Dolmetschwissenschaft ergab, dass das von Babels betriebene Dolmetschen Merkmale sowohl des Konferenzdolmetschens als auch des Community Interpreting aufweist, sich jedoch von beiden in zentralen Punkten unterscheidet. Daraufhin wurde der Versuch unternommen, das Phänomen mithilfe anderer Kategorien zu beschreiben. Hierzu wurden Ansätze zu einem Modell der Position von DolmetscherInnen in der Gesellschaft entworfen. Im praktischen Teil der Arbeit wurden einerseits Beispiele aus der Arbeit von Babels auf den ESF vorgestellt und ausgewertet. Andererseits wurde anhand einer Umfrage der Versuch unternommen, eine Art „Prototyp" des/der Babels-Freiwilligen zu finden. Als Ergebnis kann festgehalten werden, dass das Projekt Babels Menschen mit sehr verschiedenen Hintergründen zusammenbringt. Als charakteristisches Merkmal des Projekts wurde das Nebeneinander von AktivistInnen mit Nicht-AktivistInnen und professionellen mit nichtprofessionellen DolmetscherInnen ermittelt.

Das zweite Ziel bestand in einer Untersuchung des Zusammenhangs von Ideologie und Translation. Hier wurden zunächst die Begriffe Sichtbarkeit, Ideologie und Neutralität diskutiert. Dabei wurde festgestellt, dass Translation als Handeln im gesellschaftlichen Kontext nicht jenseits von Ideologie stattfinden kann. Davon ausgehend wurden Beispiele dafür diskutiert, wie TranslatorInnen herrschende Diskurse entweder stützen oder angreifen können. Außerdem wurde die These aufgestellt, dass eine ideologische Positionierung Voraussetzung für eine gelungene Dolmetschleistung ist.

Im praktischen Teil der Arbeit wurde der Versuch unternommen, diese These anhand von empirischem Material zu überprüfen. Ein Vergleich der Dolmetschleistung einzelner Babels-Freiwilliger lieferte Anzeichen für die

Richtigkeit dieser Vermutung. Es wurde jedoch festgestellt, dass hier noch erheblich mehr Forschung erforderlich wäre.

Ausbildung

An dieser Stelle möchte ich einige Überlegungen zur Dolmetschausbildung einfügen, die sich aus den Ergebnissen meiner Arbeit ergeben.

Die Dolmetschforschung hat sich damit befasst, wie entscheidend das Textverstehen für die Qualität der Verdolmetschung ist.[182] Wie ich in dieser Arbeit zu zeigen versuchte, gehört zum Textverstehen das Vorhandensein eines eigenen Standpunktes. Ich möchte an dieser Stelle noch einmal aus dem in Kapitel 3 erwähnten Text von Otto Kade zitieren, der zu demselben Schluss kommt.

> „Die begriffliche Verarbeitung und logische Gliederung ist ein entscheidender Bestandteil der Dolmetschtechnik. Der Dolmetscher muß höchste Fertigkeit im begrifflichen Verarbeiten von Texten erreichen. Diesem Ziel ist daher in der Dolmetscherausbildung von Anfang an größte Aufmerksamkeit zu schenken.
>
> […] die begriffliche Verarbeitung und die logische Gliederung, z. B. die Einschätzung dessen, was wesentlich und unwesentlich ist, [ist] außerhalb eines Klassenstandpunktes und unabhängig von einer politisch-ideologischen Grundhaltung nicht möglich.“[183]

In der Tat ist meines Erachtens die beste Methode, Texte sicher zu übersetzen und den fremden Gedankengang „treu“ wiederzugeben, das Bewusstsein nicht nur der Aussage und des Anliegens des Sprechers, sondern auch das Bewusstsein dafür, dass die eigene Meinung unter Umständen konträr zum Gesagten steht.

182 Vgl. dazu die Arbeit von Fritz (2006) zum Fachwissen, die zu dem Ergebnis kommt, dass auch gezielte Vorbereitung des Fachvokabulars und eingeübte Dolmetschstrategien nicht helfen, wenn der Text nicht verstanden wird.

183 Kade (1963: 15).

Dies sollte in der Ausbildung mehr berücksichtigt werden. Mein Eindruck ist, dass im Dolmetschstudium selbständiges Denken dieser Art zu wenig gefördert wird. Während Studierende anderer Fachrichtungen im Rahmen ihrer Ausbildung angehalten werden, sich mit den Gedanken anderer auseinanderzusetzen, sich eine eigene Meinung zu erarbeiten und diese zu artikulieren, liegt besonders in den praktischen Dolmetschübungen der Fokus lediglich auf der Wiedergabe.

Kade fordert spezielle Übungen zur „begrifflichen Verarbeitung und logischen Gliederung" von Texten, welche zuerst in der Muttersprache und erst später in der Fremdsprache durchzuführen seien.[184] Hier könnte man durchaus auf Methoden aus dem Schulunterricht zurückgreifen (Fremdsprache, Deutschunterricht oder Politik): Zusammenfassung, kritische Diskussion, Äußerung der eigenen Meinung. Durch eine solche aktive Auseinandersetzung mit einem Themenkomplex kann später beim Dolmetschen im Gehirn ein bewusster Prozess der Trennung und vorsichtigen Wortwahl im Sinne des Sprechers/der Sprecherin erfolgen. Positiver Nebeneffekt wäre eine bessere „Mentalhygiene", nämlich die bewusste Abgrenzung von der Ideologie und Identität des Sprechers oder der Sprecherin.

In diesem Zusammenhang möchte ich noch einmal die von de Manuel/Brander/Boéri[185] gemachten Vorschläge für die Dolmetschausbildung erwähnen. Sie fordern unter anderem, dass in der Ausbildung mit Texten verschiedener ideologischer Ausrichtung gearbeitet werden soll, dass neben den Staatschefs auch die politischen AktivistInnen und die illegalen Einwanderer als RednerInnen auftreten sollen. Dies sehen sie einerseits als Maßnahme zur Verbesserung der Dolmetschqualität, andererseits als Mittel, die Studierenden zu sozialem Engagement zu motivieren.

Auch Angelelli (2004) fordert, die Dolmetschausbildung solle nicht nur linguistische, sondern auch soziale Kompetenzen fördern und auf die verschiedenen situativen Aspekte der Interaktion vorbereiten.

In diesem Sinne geht es hier zwar einerseits um eine verbesserte Ausbildung im Interesse der RezipientInnen/KundInnen. Andererseits liegt es aber auch

184 Kade (1963: 15).

185 Vgl. de Manuel/Brander/Boéri (2005).

im Interesse der DolmetscherInnen selbst, wenn sie als sichtbare Dolmetscher-Innen und Mitglieder der Gesellschaft handeln.

*

Schlussbemerkung

In der Einleitung hatte ich als ein Hauptanliegen dieser Arbeit genannt, einem „Gefühl" wissenschaftlich auf den Grund gehen zu wollen. Dabei handelte es sich um das Gefühl, auf den ESF eine völlig andere Form des Konferenzdolmetschens zu erleben.

Ich hoffe, einer Klärung der Frage nähergekommen zu sein, worin dieses „Gefühl" besteht.

Um den hier aufgeworfenen Fragen weiter nachzugehen, wäre weitergehende Forschung über politisch engagiertes Konferenzdolmetschen notwendig. Ich hoffe, dass der Gegenstand der Untersuchung nicht aus der Dolmetschlandschaft verschwindet – nicht nur, weil man ihn dann nicht mehr untersuchen kann, sondern auch, weil das einen Verlust für unseren Beruf bedeuten würde.

Bibliographie

Alexieva, Bistra (1997): A typology of interpreter-mediated events. In: Pöchhacker, F. / Shlesinger, M. (Hrsg.): The Interpreting Studies Reader. London/New York: Routledge.

Albrecht, Jörn (1998): Literarische Übersetzung. Darmstadt: Wissenschaftliche Buchgesellschaft.

Anderson, R.B.W. (1976/2002): Perspectives on the Role of the Interpreter. In: Pöchhacker, F. / Shlesinger, M. (Hrsg.): The Interpreting Studies Reader. London/New York: Routledge.

Angelelli, Claudia (2004): Revisiting the Interpreter's Role. A Study of conference, court and medical interpreters in Canada, Mexico and the United States. Amsterdam: John Benjamins.

Babels (2004a): About us, *http://www.babels.org/article4.html*, Zugriff 21.02.2009.

Babels (2004b): Babels Charter. *http://www.babels.org/article21.html.* Zugriff 21.02.2009.

Babels (2008a): *http://www.babels.org/wiki/SocialForumReinventingWheels*, Zugriff 25.04.2009.

Babels (2008b): *http://www.babels.org/wiki/MalmoEsf*, Zugriff 25.04.2009.

Baker, Mona (2006): Translation and Conflict. London/New York: Routledge.

Baker, Mona (2006a): Translation and Activism: Emerging Patterns of Narrative Community. In: The Massachussetts Review 47(III). Also to appear in: Tymoczko, M. / Gentzler, G. (Hrsg.): Translation and Resistance, University of Massachussetts Press.

Baker, Mona (o. J.): Message to Colleages in Translation Studies. *http://www.monabaker.com/messagetotscolleagues.htm*. Zugriff 08.04.2009.

Boéri, Julie (2008): A Narrative Account of the Babels vs. Naumann Controversy. In: The Translator, Volume 14, Number 1. Manchester: St. Jerome Publishing.

Boérie, Julie (2009): Babels, the Social Forum and the Conference Interpreting Community: Overlapping and Competitive Narratives on Activism and Interpreting in the Era of Globalization. PhD Thesis. Manchester: CTIS, University of Manchester.

Boéri, Julie / Hodkinson, Stuart (2004): Babels and the Politics of Language at the Heart of the Social Forum. Special Newsletter of Eurotopia/Guide for Social Transformation in Europe: ESF and Surroundings: *http://www.euromovements.info/newsletter/babel.htm*. Zugriff 08.04.2009.

Cronin, Michael (2002): The Empire Talks Back: Orality, Heteronomy and the Cultural Turn in Interpreting Studies. In: F. Pöchhacker, M. Shlesinger (Hrsg.): The Interpreting Studies Reader. London/New York: Routledge.

Cronin, Michael (2003): Translation and Globalisation. London/New York: Routledge.

de Manuel, J. / Brander, M. / Boéri, J. (2005): Volunteer Interpreting, There is Life beyond the Market. In: Breaking Down the Barriers: A team Effort, 19–21 March 2005, Heriot-Watt University, Edinburgh.

Deutsches Sozialforum. Internetseite des Deutschen Sozialforums. Kommentar der Zeitung Neues Deutschland. *http://www.sfid.info/e_sf/2008.esf.00/2008.esf.berichte/news.esf.2008.2008.7*. Zugriff 16.12.2008.

Diriker, Ebru (2004): De-/Re-Contextualizing Conference Interpreting. Interpreters in the Ivory Tower? Amsterdam: John Benjamins.

Ecos, Traductores e intérpretes por la solidaridad: *http://cicode-gcubo.ugr.es/ecos*. Zugriff 25.04.2009.

von Flotow, Luise (1997): Translation and Gender. Manchester: St. Jerome.

Fritz, Silke (2006): Die Bedeutung von Fachwissen für das Simultandolmetschen. BDÜ.

Garber, Nathan (2000): Community Interpreting: A Personal View. In: Carr, Silvana et al. (Hrsg.) (2000): The critical link 2. Amsterdam: John Benjamins.

Gross-Dinter, Ursula (2008): Community Interpreting. Plädoyer für einen Brückenschlag.

Hatim, B. / Mason, I. (1997): The Translator as Communicator. London: Routledge.

Holz-Mänttari, Justa (1994): Translatorisches Handeln. In: Snell-Hornby, M. (Hrsg.) (1994): Übersetzungswissenschaft. Eine Neuorientierung. Tübingen: Francke (UTB).

Indymedia (2004): Babels Coordinators Threaten to Pull Out Of The ESF. *http://www.indymedia.org.uk/en/2004/10/298535.html*. Zugriff 08.04.2009.

Kade, Otto (1963): Der Dolmetschvorgang und die Notation. In: Fremdsprachen, Band 7, Nr.1, S.12–20.

Kalverkämper, Hartwig / Schippel, Larisa (Hrsg.) (2007): Simultandolmetschen in Erstbewährung: Der Nürnberger Prozess 1945. Berlin: Frank & Timme (TransÜD. 17).

Katan, David / Straniero-Sergio, Francesco (2003): Submerged Ideologies in Media Interpreting. In: M. C. Perez (Hrsg): Apropos of Ideology. Manchester: St. Jerome.

Kopczynski, A. (1994): Quality in Conference Interpreting: Some Pragmatic Problems. In: Snell-Hornby, M. / Pöchhacker, F. / Kaindl, K. (Hrsg.): Translation Studies: An Interdiscipline. Amsterdam: John Benjamins.

Marx, Karl / Engels, Friedrich (1845): Die deutsche Ideologie. Kritik der neuesten deutschen Philosophie in ihren Repräsentanten Feuerbach, B. Bauer und Stirner. In: Marx-Engels-Werke MEW, Band 3. Berlin [DDR]: Dietz Verlag 1969. *http://www.mlwerke.de/me/me03/me03_017.htm#I_I_A*. Zugriff 25.04.2009.

Nord, Christiane (1991): Textanalyse und Übersetzen. Heidelberg: Julius Groos Verlag.

Nord, Christiane (1993): Einführung in das funktionale Übersetzen. Tübingen: Francke (UTB).

Obst, Harry (1997): Interpreting for the White House. In: Drescher, H.W. (Hrsg.): Transfer Nr. 32, Frankfurt a.M.: Lang.

Pöchhacker, Franz (1994): Simultandolmetschen als komplexes Handeln. Tübingen: Gunter Narr.

Pöchhacker, Franz (2000): Dolmetschen. Konzeptuelle Grundlagen und deskriptive Untersuchungen. Tübingen: Stauffenburg.

Pöchhacker, Franz (2004): Introducing Interpreting Studies. London/New York: Routledge.

Pöchhacker, Franz (2006): Interpreters and Ideology: From „Between" to „Within". In: Across Languages and Cultures 7 (2). Budapest: Akademia Kiado.

Reiss, Katharina / Vermeer, Hans (1991): Grundlegung einer allgemeinen Translationstheorie. Tübingen: Niemeyer.

Roberts, Roda P. (1997): Community Interpreting Today and Tomorrow. In: Carr, Silvana et al. (Hrsg.) (1997): The critical link: Interpreters in the community. Amsterdam: John Benjamins.

Robinson, Douglas (1997): Translation and Empire. Postcolonial Theories Explained. Manchester: St. Jerome.

Roy, C. B. (1993/2002) The Problem with Definitions, Descriptions and the Role Metaphors of Interpreters. In: Pöchhacker, F. / Shlesinger, M. (Hrsg.): The Interpreting Studies Reader. London/New York: Routledge.

Tymoczko, Maria (2000): Translation and Political Engagement: Activism, Social Change and the Role of Translation in Geopolitical Shifts". In: The Translator 6 (1).

Tymoczko, Maria (2003): Ideology and the Position of the Translator. In: M.C. Perez (Hrsg): Apropos of Ideology. Manchester: St. Jerome.

Venuti, Lawrence (1995): The Translator's Invisibility: A History of Translation. London/New York: Routledge.

Wadensjö, Cecilia (1993): The double role of a dialogue interpreter. In: Pöchhacker, F. / Shlesinger, M.(Hrsg.): The Interpreting Studies Reader. London/New York: Routledge.

Weltsozialforum: Internetseite des Weltsozialforums. *http://weltsozialforum.org/prinzipien/index.html*. Zugriff 10.12.2008.

Wikipedia. Eintrag über das Europäische Sozialforum. *http://en.wikipedia.org/wiki/European_Social_Forum*. Zugriff 16.12.2008.

Anhang

Muster des Fragebogens

Janina Sachse
student of Intercultural Communication Studies Humboldt-Universität zu Berlin

This questionnaire is part of a research project dealing with voluntary interpreters in the ESF process. I intend to use the data in my graduation thesis. This project also includes recordings of some sessions that are interpreted.

Important note: If you DO NOT agree that your interpreting is recorded and used for research purpose, please indicate here!

☐ do agree ☐ don't agree

Please note that the data is going to be anonymised. Your personal data on this questionnaire is only for me to be able to contact you in case further questions arise.

Please take some time to answer the 15 questions below. Feel free to add information or comments if you wish so.

Title of event, date, time:

1. Name:

2. E-Mail Address:

3. Your experience level in simultaneous interpreting (as indicated in Babels registration form).

☐ first experience
☐ occasional
☐ experienced
☐ professional

3. a) If you did not indicate "professional": Are you training / studying to become a conference interpreter?

☐ yes ☐ no

3. b) Where did you get previous interpretation experience?

4. Your language combination (A, B, C) as indicated in Babels registration form.

5. Please indicate the languages you were interpreting in this session
(i.e. EN and FR into DE, PL via EN relay into DE)

direct:
relay:

6. Did you prepare yourself for this job?

☐ yes ☐ no ☐ little

6. a) How?

7. What is your reason to be here? (You may choose more than one option)

☐ to gain experience in simultaneous interpreting
☐ to support the ESF process
☐ other reason; ______________________________

8. Do you consider yourself an activist?

☐ yes ☐ no

8. a) Are you a member of an organisation? If yes, please give the name.

9. Do you consider yourself informed about the ESF? Please indicate on a scale from 1 meaning "absolutely no knowledge" to 5 meaning "very broad knowledge".

☐ "absolutely no knowledge" (1) ☐ (2) ☐ (3) ☐ (4) ☐ "very broad knowledge" (5).

10. Do you consider yourself informed about Babels? Please indicate on a scale from 1 meaning "absolutely no knowledge" to 5 meaning "very broad knowledge".

☐ "absolutely no knowledge" (1) ☐ (2) ☐ (3) ☐ (4) ☐ "very broad knowledge" (5).

11. Are you involved in Babels (You may choose more than one option.)

☐ as an organizer / coordinator?
☐ taking part in Babels projects other than volunteer interpreting (terminology projects, etc) ?

12. Did you attend any previous ESF / comparable events? Please list them and indicate if you were participant or interpreter.

13. What do you think about the performance of the Babels Interpreters at this ESF? Please indicate on a scale from 1 meaning "completely insufficient" to 5 meaning "very good performance".

☐ "completely insufficient" (1)	☐ (2)	☐ (3)	☐ (4)	☐ "very good performance" (5).

14. What do you like about working with Babels? What do you dislike?

15. What does interpreting mean for you?

Thank you for your help!!!!

Janina Sachse

TransÜD. Arbeiten zur Theorie und Praxis des Übersetzens und Dolmetschens

Die Bände 1 bis 5 sind bei der Peter Lang GmbH erschienen und dort zu beziehen.

Bd. 6 Przemysław Chojnowski: Zur Strategie und Poetik des Übersetzens. Eine Untersuchung der Anthologien zur polnischen Lyrik von Karl Dedecius. 300 Seiten. ISBN 978-3-86596-013-9

Bd. 7 Belén Santana López: Wie wird *das Komische* übersetzt? *Das Komische* als Kulturspezifikum bei der Übersetzung spanischer Gegenwartsliteratur. 456 Seiten. ISBN 978-3-86596-006-1

Bd. 8 Larisa Schippel (Hg.): Übersetzungsqualität: Kritik – Kriterien – Bewertungshandeln. 194 Seiten. ISBN 978-3-86596-075-7

Bd. 9 Anne-Kathrin D. Ende: Dolmetschen im Kommunikationsmarkt. Gezeigt am Beispiel Sachsen. 228 Seiten. ISBN 978-3-86596-073-3

Bd. 10 Sigrun Döring: Kulturspezifika im Film: Probleme ihrer Translation. 156 Seiten. ISBN 978-3-86596-100-6

Bd. 11 Hartwig Kalverkämper: „Textqualität". Die Evaluation von Kommunikationsprozessen seit der antiken Rhetorik bis zur Translationswissenschaft. ISBN 978-3-86596-110-5

Bd. 12 Yvonne Griesel: Die Inszenierung als Translat. Möglichkeiten und Grenzen der Theaterübertitelung. 362 Seiten. ISBN 978-3-86596-119-8

Bd. 13 Hans J. Vermeer: Ausgewählte Vorträge zur Translation und anderen Themen. Selected Papers on Translation and other Subjects. 286 Seiten. ISBN 978-3-86596-145-7

Bd. 14 Erich Prunč: Entwicklungslinien der Translationswissenschaft. Von den Asymmetrien der Sprachen zu den Asymmetrien der Macht. 442 Seiten. ISBN 978-3-86596-146-4 (vergriffen, siehe Band 43 der Reihe)

Bd. 15 Valentyna Ostapenko: Vernetzung von Fachtextsorten. Textsorten der Normung in der technischen Harmonisierung. 128 Seiten. ISBN 978-3-86596-155-6

Bd. 16 Larisa Schippel (Hg.): TRANSLATIONSKULTUR – ein innovatives und produktives Konzept. 340 Seiten. ISBN 978-3-86596-158-7

Bd. 17 Hartwig Kalverkämper/Larisa Schippel (Hg.): Simultandolmetschen in Erstbewährung: Der Nürnberger Prozess 1945. Mit einer orientierenden Einführung von Klaus Kastner und einer kommentierten fotografischen Dokumentation von Theodoros Radisoglou sowie mit einer dolmetsch-wissenschaftlichen Analyse von Katrin Rumprecht. 344 Seiten. ISBN 978-3-86596-161-7

TRANSÜD. Arbeiten zur Theorie und Praxis des Übersetzens und Dolmetschens

Bd. 18 Regina Bouchehri: Filmtitel im interkulturellen Transfer. 174 Seiten. ISBN 978-3-86596-180-8

Bd. 19 Michael Krenz/Markus Ramlow: Maschinelle Übersetzung und XML im Übersetzungsprozess. Prozesse der Translation und Lokalisierung im Wandel. Zwei Beiträge, hg. von Uta Seewald-Heeg. 368 Seiten. ISBN 978-3-86596-184-6

Bd. 20 Hartwig Kalverkämper/Larisa Schippel (Hg.): Translation zwischen Text und Welt – Translationswissenschaft als historische Disziplin zwischen Moderne und Zukunft. 700 Seiten. ISBN 978-3-86596-202-7

Bd. 21 Nadja Grbić/Sonja Pöllabauer: Kommunaldolmetschen/Community Interpreting. Probleme – Perspektiven – Potenziale. Forschungsbeiträge aus Österreich. 380 Seiten. ISBN 978-3-86596-194-5

Bd. 22 Agnès Welu: Neuübersetzungen ins Französische – eine kulturhistorische Übersetzungskritik. Eichendorffs *Aus dem Leben eines Taugenichts*. 506 Seiten. ISBN 978-3-86596-193-8

Bd. 23 Martin Slawek: Interkulturell kompetente Geschäftskorrespondenz als Garant für den Geschäftserfolg. Linguistische Analysen und fachkommunikative Ratschläge für die Geschäftsbeziehungen nach Lateinamerika (Kolumbien). 206 Seiten. ISBN 978-3-86596-206-5

Bd. 24 Julia Richter: Kohärenz und Übersetzungskritik. Lucian Boias Analyse des rumänischen Geschichtsdiskurses in deutscher Übersetzung. 142 Seiten. ISBN 978-3-86596-221-8

Bd. 25 Anna Kucharska: Simultandolmetschen in defizitären Situationen. Strategien der translatorischen Optimierung. 170 Seiten. ISBN 978-3-86596-244-7

Bd. 26 Katarzyna Lukas: Das Weltbild und die literarische Konvention als Übersetzungsdeterminanten. Adam Mickiewicz in deutschsprachigen Übertragungen. 402 Seiten. ISBN 978-3-86596-238-6

Bd. 27 Markus Ramlow: Die maschinelle Simulierbarkeit des Humanübersetzens. Evaluation von Mensch-Maschine-Interaktion und der Translatqualität der Technik. 364 Seiten. ISBN 978-3-86596-260-7

Bd. 28 Ruth Levin: Der Beitrag des Prager Strukturalismus zur Translationswissenschaft. Linguistik und Semiotik der literarischen Übersetzung. 154 Seiten. ISBN 978-3-86596-262-1

Bd. 29 Iris Holl: Textología contrastiva, derecho comparado y traducción jurídica. Las sentencias de divorcio alemanas y españolas. 526 Seiten. ISBN 978-3-86596-324-6

TransÜD. Arbeiten zur Theorie und Praxis des Übersetzens und Dolmetschens

Bd. 30 Christina Korak: Remote Interpreting via Skype. Anwendungsmöglichkeiten von VoIP-Software im Bereich Community Interpreting – Communicate everywhere? 202 Seiten. ISBN 978-3-86596-318-5

Bd. 31 Gemma Andújar/Jenny Brumme (eds.): Construir, deconstruir y reconstruir. Mímesis y traducción de la oralidad y la afectividad. 224 Seiten. ISBN 978-3-86596-234-8

Bd. 32 Christiane Nord: Funktionsgerechtigkeit und Loyalität. Theorie, Methode und Didaktik des funktionalen Übersetzens. 338 Seiten. ISBN 978-3-86596-330-7

Bd. 33 Christiane Nord: Funktionsgerechtigkeit und Loyalität. Die Übersetzung literarischer und religiöser Texte aus funktionaler Sicht. 304 Seiten. ISBN 978-3-86596-331-4

Bd. 34 Małgorzata Stanek: Dolmetschen bei der Polizei. Zur Problematik des Einsatzes unqualifizierter Dolmetscher. 262 Seiten. ISBN 978-3-86596-332-1

Bd. 35 Dorota Karolina Bereza: Die Neuübersetzung. Eine Hinführung zur Dynamik literarischer Translationskultur. 108 Seiten. ISBN 978-3-86596-255-3

Bd. 36 Montserrat Cunillera/Hildegard Resinger (eds.): Implicación emocional y oralidad en la traducción literaria. 230 Seiten. ISBN 978-3-86596-339-0

Bd. 37 Ewa Krauss: Roman Ingardens „Schematisierte Ansichten" und das Problem der Übersetzung. 226 Seiten. ISBN 978-3-86596-315-4

Bd. 38 Miriam Leibbrand: Grundlagen einer hermeneutischen Dolmetschforschung. 324 Seiten. ISBN 978-3-86596-343-7

Bd. 39 Pekka Kujamäki/Leena Kolehmainen/Esa Penttilä/Hannu Kemppanen (eds.): Beyond Borders – Translations Moving Languages, Literatures and Cultures. 272 Seiten. ISBN 978-3-86596-356-7

Bd. 40 Gisela Thome: Übersetzen als interlinguales und interkulturelles Sprachhandeln. Theorien – Methodologie – Ausbildung. 622 Seiten. ISBN 978-3-86596-352-9

Bd. 41 Radegundis Stolze: The Translator's Approach – Introduction to Translational Hermeneutics. Theory and Examples from Practice. 304 Seiten. ISBN 978-3-86596-373-4

Bd. 42 Silvia Roiss/Carlos Fortea Gil/María Ángeles Recio Ariza/Belén Santana López/Petra Zimmermann González/Iris Holl (eds.): En las vertientes de la traducción e interpretación del/al alemán. 582 Seiten. ISBN 978-3-86596-326-0

TRANSÜD. Arbeiten zur Theorie und Praxis des Übersetzens und Dolmetschens

Bd. 43 Erich Prunč: Entwicklungslinien der Translationswissenschaft. 3., erweiterte und verbesserte Auflage (1. Aufl. 2007. ISBN 978-3-86596-146-4). 528 Seiten. ISBN 978-3-86596-422-9

Bd. 44 Mehmet Tahir Öncü: Die Rechtsübersetzung im Spannungsfeld von Rechtsvergleich und Rechtssprachvergleich. Zur deutschen und türkischen Strafgesetzgebung. 380 Seiten. ISBN 978-3-86596-424-3

Bd. 45 Hartwig Kalverkämper/Larisa Schippel (Hg.): „Vom Altern der Texte". Bausteine für eine Geschichte des interkulturellen Wissenstransfers. 456 Seiten. ISBN 978-3-86596-251-5

Bd. 46 Hannu Kemppanen/Marja Jänis/Alexandra Belikova (eds.): Domestication and Foreignization in Translation Studies. 240 Seiten. 978-3-86596-470-0

Bd. 47 Sergey Tyulenev: Translation and the Westernization of Eighteenth-Century Russia. A Social-Systemic Perspective. 272 Seiten. ISBN 978-3-86596-472-4

Bd. 48 Martin B. Fischer/Maria Wirf Naro (eds.): Translating Fictional Dialogue for Children and Young People. 422 Seiten. ISBN 978-3-86596-467-0

Bd. 49 Martina Behr: Evaluation und Stimmung. Ein neuer Blick auf Qualität im (Simultan-)Dolmetschen. 356 Seiten. ISBN 978-3-86596-485-4

Bd. 50 Anna Gopenko: Traduire le sublime. Les débats de l'Église orthodoxe russe sur la langue liturgique. 228 Seiten. ISBN 978-3-86596-486-1

Bd. 51 Lavinia Heller: Translationswissenschaftliche Begriffsbildung und das Problem der performativen Unauffälligkeit von Translation. 332 Seiten. ISBN 978-3-86596-470-0

Bd. 52 Claudia Dathe/Renata Makarska/Schamma Schahadat (Hg.): Zwischentexte. Literarisches Übersetzen in Theorie und Praxis. 300 Seiten. ISBN 978-3-86596-442-7

Bd. 53 Regina Bouchehri: Translation von Medien-Titeln. Der interkulturelle Transfer von Titeln in Literatur, Theater, Film und Bildender Kunst. 334 Seiten. ISBN 978-3-86596-400-7

Bd. 54 Nilgin Tanış Polat: Raum im (Hör-)Film. Zur Wahrnehmung und Repräsentation von räumlichen Informationen in deutschen und türkischen Audiodeskriptionstexten. 138 Seiten. ISBN 978-3-86596-508-0

Bd. 55 Eva Parra Membrives/Ángeles García Calderón (eds.): Traducción, mediación, adaptación. Reflexiones en torno al proceso de comunicación entre culturas. 336 Seiten. ISBN 978-3-86596-499-1

TRANSÜD. Arbeiten zur Theorie und Praxis des Übersetzens und Dolmetschens

Bd. 56 Yvonne Sanz López: Videospiele übersetzen – Probleme und Optimierung. 126 Seiten. ISBN 978-3-86596-541-7

Bd. 57 Irina Bondas: Theaterdolmetschen – Phänomen, Funktionen, Perspektiven. 240 Seiten. ISBN 978-3-86596-540-0

Bd. 58 Dinah Krenzler-Behm: Authentische Aufträge in der Übersetzerausbildung. Ein Leitfaden für die Translationsdidaktik. 480 Seiten. ISBN 978-3-86596-498-4

Bd. 59 Anne-Kathrin Ende/Susann Herold/Annette Weilandt (Hg.): Alles hängt mit allem zusammen. Translatologische Interdependenzen. Festschrift für Peter A. Schmitt. 544 Seiten. ISBN 978-3-86596-504-2

Bd. 60 Saskia Weber: Kurz- und Kosenamen in russischen Romanen und ihre deutschen Übersetzungen. 256 Seiten. ISBN 978-3-7329-0002-2

Bd. 61 Silke Jansen/Martina Schrader-Kniffki (eds.): La traducción a través de los tiempos, espacios y disciplinas. 366 Seiten. ISBN 978-3-86596-524-0

Bd. 62 Annika Schmidt-Glenewinkel: Kinder als Dolmetscher in der Arzt-Patienten-Interaktion. 130 Seiten. ISBN 978-3-7329-0010-7

Bd. 63 Klaus-Dieter Baumann/Hartwig Kalverkämper (Hg.): Theorie und Praxis des Dolmetschens und Übersetzens in fachlichen Kontexten. 756 Seiten. ISBN 978-3-7329-0016-9

Bd. 64 Silvia Ruzzenenti: «Präzise, doch ungenau» – Tradurre il saggio. Un approccio olistico al *poetischer Essay* di Durs Grünbein. 406 Seiten. ISBN 978-3-7329-0026-8

Bd. 65 Margarita Zoe Giannoutsou: Kirchendolmetschen – Interpretieren oder Transformieren? 498 Seiten mit CD. ISBN 978-3-7329-0067-1

Bd. 66 Andreas F. Kelletat/Aleksey Tashinskiy (Hg.): Übersetzer als Entdecker. Ihr Leben und Werk als Gegenstand translationswissenschaftlicher und literaturgeschichtlicher Forschung. 376 Seiten. ISBN 978-3-7329-0060-2

Bd. 67 Ulrike Spieler: Übersetzer zwischen Identität, Professionalität und Kulturalität: Heinrich Enrique Beck. 340 Seiten. ISBN 978-3-7329-0107-4

Bd. 68 Carmen Klaus: Translationsqualität und Crowdsourced Translation. Untertitelung und ihre Bewertung – am Beispiel des audiovisuellen Mediums *TEDTalk*. 180 Seiten. ISBN 979-3-7329-0031-1

Bd. 69 Susanne J. Jekat/Heike Elisabeth Jüngst/Klaus Schubert/Claudia Villiger (Hg.): Sprache barrierefrei gestalten. Perspektiven aus der Angewandten Linguistik. 276 Seiten. ISBN 978-3-7329-0023-7

F Frank & Timme

TransÜD. Arbeiten zur Theorie und Praxis des Übersetzens und Dolmetschens

Bd. 70 Radegundis Stolze: Hermeneutische Übersetzungskompetenz. Grundlagen und Didaktik. 402 Seiten. ISBN 978-3-7329-0122-7

Bd. 71 María Teresa Sánchez Nieto (ed.): Corpus-based Translation and Interpreting Studies: From description to application / Estudios traductológicos basados en corpus: de la descripción a la aplicación. 268 Seiten. ISBN 978-3-7329-0084-8

Bd. 72 Karin Maksymski/Silke Gutermuth/Silvia Hansen-Schirra (eds.): Translation and Comprehensibility. 296 Seiten. ISBN 978-3-7329-0022-0

Bd. 73 Hildegard Spraul: Landeskunde Russland für Übersetzer. Sprache und Werte im Wandel. Ein Studienbuch. 360 Seiten. ISBN 978-3-7329-0109-8

Bd. 74 Ralph Krüger: The Interface between Scientific and Technical Translation Studies and Cognitive Linguistics. With Particular Emphasis on Explicitation and Implicitation as Indicators of Translational Text-Context Interaction. 482 Seiten. ISBN 978-3-7329-0136-4

Bd. 75 Erin Boggs: Interpreting U.S. Public Diplomacy Speeches. 154 Seiten. ISBN 978-3-7329-0150-0

Bd. 76 Nathalie Mälzer (Hg.): Comics – Übersetzungen und Adaptionen. 404 Seiten. ISBN 978-3-7329-0131-9

Bd. 77 Sophie Beese: Das (zweite) andere Geschlecht – der Diskurs „Frau" im Wandel. Simone de Beauvoirs *Le deuxième sexe* in deutscher Erst- und Neuübersetzung. 264 Seiten. ISBN 978-3-7329-0141-8

Bd. 78 Xenia Wenzel: Die Übersetzbarkeit philosophischer Diskurse. Eine Übersetzungskritik an den beiden englischen Übersetzungen von Heideggers *Sein und Zeit*. 162 Seiten. ISBN 978-3-7329-0199-9

Bd. 79 María-José Varela Salinas/Bernd Meyer (eds.): Translating and Interpreting Healthcare Discourses/Traducir e interpretar en el ámbito sanitario. 266 Seiten. ISBN 978-3-86596-367-3

Bd. 80 Susanne Hagemann: Einführung in das translationswissenschaftliche Arbeiten. Ein Lehr- und Übungsbuch. 360 Seiten. ISBN 978-3-7329-0125-8

Bd. 81 Anja Maibaum: Spielfilm-Synchronisation. Eine translationskritische Analyse am Beispiel amerikanischer Historienfilme über den Zweiten Weltkrieg. 144 Seiten mit CD. ISBN 978-3-7329-0220-0

Bd. 82 Sybille Schellheimer: La función evocadora de la fraseología en la oralidad ficcional y su traducción. 356 Seiten. ISBN 978-3-7329-0232-3

TransÜD. Arbeiten zur Theorie und Praxis des Übersetzens und Dolmetschens

Bd. 83 Franziska Heidrich: Kommunikationsoptimierung im Fachübersetzungsprozess. 276 Seiten. ISBN 978-3-7329-0262-0

Bd. 84 Cristina Plaza Lara: Integración de la competencia instrumental-profesional en el aula de traducción. 222 Seiten mit CD. ISBN 978-3-7329-0309-2

Bd. 85 Andreas F. Kelletat/Aleksey Tashinskiy/Julija Boguna (Hg.): Übersetzerforschung. Neue Beiträge zur Literatur- und Kulturgeschichte des Übersetzens. 366 Seiten. ISBN 978-3-7329-0234-7

Bd. 86 Heidrun Witte: Blickwechsel. Interkulturelle Wahrnehmung im translatorischen Handeln. 274 Seiten. ISBN 978-3-7329-0333-7

Bd. 87 Susanne Hagemann/Julia Neu/Stephan Walter (Hg.): Translationslehre und Bologna-Prozess: Unterwegs zwischen Einheit und Vielfalt / Translation/Interpreting Teaching and the Bologna Process: Pathways between Unity and Diversity. 434 Seiten. ISBN 978-3-7329-0311-5

Bd. 88 Ursula Wienen/Laura Sergo/Tinka Reichmann/Ivonne Gutiérrez Aristizábal (Hg.): Translation und Ökonomie. 274 Seiten. ISBN 978-3-7329-0203-3

Bd. 89 Daniela Eichmeyer: Luftqualität in Dolmetschkabinen als Einflussfaktor auf die Dolmetschqualität. Interdisziplinäre Erkenntnisse und translationspraktische Konsequenzen. 144 Seiten. ISBN 978-3-7329-0362-7

Bd. 90 Alexander Künzli: Die Untertitelung – von der Produktion zur Rezeption. 264 Seiten. ISBN 978-3-7329-0393-1

Bd. 91 Christiane Nord: Traducir, una actividad con propósito. Introducción a los enfoques funcionalistas. 228 Seiten. ISBN 978-3-7329-0410-5

Bd. 92 Fabjan Hafner/Wolfgang Pöckl (Hg.): „... übersetzt von Peter Handke" – Philologische und translationswissenschaftliche Analysen. 294 Seiten. ISBN 978-3-7329-0443-3

Bd. 93 Elisabeth Gibbels: Lexikon der deutschen Übersetzerinnen 1200–1850. 216 Seiten. ISBN 978-3-7329-0422-8

Bd. 94 Encarnación Postigo Pinazo: Optimización de las competencias del traductor e intérprete. Nuevas tecnologías – procesos cognitivos – estrategias. 194 Seiten. ISBN 978-3-7329-0392-4

Bd. 95 Marta Estévez Grossi: Lingüística Migratoria e Interpretación en los Servicios Públicos. La comunidad gallega en Alemania. 574 Seiten. ISBN 978-3-7329-0411-2

F Frank & Timme

TRANSÜD. Arbeiten zur Theorie und Praxis des Übersetzens und Dolmetschens

Bd. 96 Ivana Havelka: Videodolmetschen im Gesundheitswesen. Dolmetschwissenschaftliche Untersuchung eines österreichischen Pilotprojektes. 346 Seiten. ISBN 978-3-7329-0490-7

Bd. 97 Maria Mushchinina (Hg.): Formate der Translation. 340 Seiten. ISBN 978-3-7329-0506-5

Bd. 98 Zehra Gülmüş: Übersetzungsverfahren beim literarischen Übersetzen. Ahmet Hamdi Tanpınars Roman „Das Uhrenstellinstitut". 196 Seiten. ISBN 978-3-7329-0498-3

Bd. 99 Peter Sandrini: Translationspolitik für Regional- oder Minderheitensprachen. Unter besonderer Berücksichtigung einer Strategie der Offenheit. 524 Seiten. ISBN 978-3-7329-0513-3

Bd. 100 Aleksey Tashinskiy/Julija Boguna (Hg.): Das WIE des Übersetzens. Beiträge zur historischen Übersetzerforschung. 248 Seiten. ISBN 978-3-7329-0536-2

Bd. 101 Heike Elisabeth Jüngst/Lisa Link/Klaus Schubert/Christiane Zehrer (eds.): Challenging Boundaries. New Approaches to Specialized Communication. 228 Seiten. ISBN 978-3-7329-0524-9

Bd. 102 Chuan Ding: „Peterchens Mondfahrt" in chinesischer Übersetzung. Eine Kritik. 124 Seiten. ISBN 978-3-7329-0528-7

Bd. 103 Changgun Kim: Übersetzen von Videospieltexten. Nekrotexte lesen und übersetzen. 164 Seiten. ISBN 978-3-7329-0379-5

Bd. 104 Guntars Dreijers/Agnese Dubova/Jānis Veckrācis (eds.): Bridging Languages and Cultures. Linguistics, Translation Studies and Intercultural Communication. 338 Seiten. ISBN 978-3-7329-0429-7

Bd. 105 Madeleine Schnierer: Qualitätssicherung. Die Praxis der Übersetzungsrevision im Zusammenhang mit EN 15038 und ISO 17100. 286 Seiten. ISBN 978-3-7329-0539-3

Bd. 106 Lavinia Heller/Tomasz Rozmysłowicz (Hg.): Translation und Interkulturelle Kommunikation / Translation and Intercultural Communication. Beiträge zur Theorie, Empirie und Praxis kultureller Austauschprozesse / Theoretical, Empirical and Practical Perspectives on Cultural Exchanges. 178 Seiten. ISBN 978-3-7329-0351-1

Bd. 107 Brita Dorer: Advance Translation as a Means of Improving Source Questionnaire Translatability? Findings from a Think-Aloud Study for French and German. 554 Seiten. ISBN 978-3-7329-0594-2

Bd. 108 Annegret Sturm: Theory of Mind in Translation. 334 Seiten. ISBN 978-3-7329-0492-1

TRANSÜD. Arbeiten zur Theorie und Praxis des Übersetzens und Dolmetschens

Bd. 109 Akkad Alhussein: Vom Zieltext zum Ausgangstext. Das Problem der retroflexen Wirksamkeit der Translation. 290 Seiten. ISBN 978-3-7329-0679-6

Bd. 110 Ursula Stachl-Peier/Eveline Schwarz (Hg./eds.): Ressourcen und Instrumente der translationsrelevanten Hochschuldidaktik / Resources and Tools for T&I Education. Lehrkonzepte, Forschungsberichte, Best-Practice-Modelle / Research Studies, Teaching Concepts, Best-Practice Results. 308 Seiten. ISBN 978-3-7329-0685-7

Bd. 111 Guntars Dreijers/Jānis Sīlis/Silga Sviķe/Jānis Veckrācis (eds.): Bridging Languages and Cultures II. Linguistics, Translation Studies and Intercultural Communication. 258 Seiten. ISBN 978-3-7329-0705-2

Bd. 112 Anu Viljanmaa: Professionelle Zuhörkompetenz und Zuhörfilter beim Dialogdolmetschen. 580 Seiten. ISBN 978-3-7329-0719-9

Bd. 113 Johan Franzon/Annjo K. Greenall/Sigmund Kvam/Anastasia Parianou (eds.): Song Translation: Lyrics in Contexts. 498 Seiten. ISBN 978-3-7329-0656-7

Bd. 114 Anna Wegener: Karin Michaëlis' *Bibi* books. Producing, Rewriting, Reading and Continuing a Children's Fiction Series, 1927–1953. 400 Seiten. ISBN 978-3-7329-0588-1

Bd. 115 Gesa Büttner: Dolmetschvorbereitung digital. Professionelles Dolmetschen und DeepL. 130 Seiten. ISBN 978-3-7329-0750-2

Bd. 116 Jutta Seeger-Vollmer: Schwer lesbar gleich texttreu?. Wissenschaftliche Translationskritik zur *Moby-Dick*-Übersetzung Friedhelm Rathjens. 530 Seiten. ISBN 978-3-7329-0766-3

Bd. 117 Katerina Sinclair: TranslatorInnen als SprachlehrerInnen: Eignung und Einsatz. 346 Seiten. ISBN 978-3-7329-0739-7

Bd. 118 Nathalie Thiede: Qualität bei der Lokalisierung von Videospielen. 116 Seiten. ISBN 978-3-7329-0793-9

Bd. 119 Iryna Kloster: Translation Competence and Language Contrast – A Multi-Method Study. Italian – Russian – German. 416 Seiten. ISBN 978-3-7329-0761-8

Bd. 120 Kerstin Rupcic: Einsatzpotenziale maschineller Übersetzung in der juristischen Fachübersetzung. 252 Seiten. ISBN 978-3-7329-0782-3

Bd. 121 Rocío García Jiménez/María-José Varela Salinas: Aspectos de la traducción biosanitaria español–alemán / alemán–español. 94 Seiten. ISBN 978-3-7329-0812-7

Frank & Timme

TRANSÜD. Arbeiten zur Theorie und Praxis des Übersetzens und Dolmetschens

Bd. 122 Janina Sachse: Konferenzdolmetschen für soziale Bewegungen. Sichtbarkeit, Neutralität und Ideologie. 114 Seiten. ISBN 978-3-7329-0833-2

Frank & Timme